广东实验中学校本科研成果丛书

幸福咖啡屋，解决学生的烦恼与困惑。

幸福咖啡屋

丛书主编 /全汉炎　主编 / 胡金兰

编写人员：吴锦涛　陈浩杰　陈晓葵　毛雪华
卢　妙　万　蕊　吕素云

SPM 南方出版传媒

全国优秀出版社　全国百佳图书出版单位　广东教育出版社

·广州·

图书在版编目（CIP）数据

幸福咖啡屋 / 胡金兰主编；吴锦涛等编写. —广州：广东教育出版社，2017.6

（广东实验中学校本科研成果丛书 / 全汉炎主编）

ISBN 978-7-5548-1774-2

Ⅰ. ①幸… Ⅱ. ①胡… ②吴… Ⅲ. ①德育—中学—教材 Ⅳ. ①G631

中国版本图书馆CIP数据核字（2017）第102945号

责任编辑：郝琳琳　蔡奇哲

责任技编：佟长缨　刘莉敏

装帧设计：刘敏妮

幸福咖啡屋

XINGFU KAFEI WU

广东教育出版社出版发行

（广州市环市东路472号12-15楼）

邮政编码：510075

网址：http：// www.gjs.cn

广东新华发行集团股份有限公司经销

佛山市浩文彩色印刷有限公司

（佛山市南海区狮山科技工业园A区）

787毫米×1092毫米　16开本　7.5印张　150 000字

2017年6月第1版　2017年6月第1次印刷

ISBN 978-7-5548-1774-2

定价：21.00元

质量监督电话：020-87613102　邮箱：gjs-quality@gdpg.com.cn

购书咨询电话：020-87615809

前言

苏霍姆林斯基说："教学大纲和教科书规定了学生的各种知识，但却没有规定给予学生的最重要的一样东西，这就是幸福。我们的教育信念应该是：培养真正的人！让每一个从自己手里培养出来的人都能幸福地度过自己的一生。"也就是说幸福是我们教育的终极目的。现如今，初中生幸福感缺乏是一个现实存在的问题，而快乐、幸福的心态，对他们的健康成长和持续发展有着重要作用。广东实验中学的校本课程"幸福咖啡屋"的开展即希望能帮助提高初中生的幸福感。

全书分四章，共十二节。每一节分五板块："幸福起航""幸福咖啡""幸福探秘""幸福对话""幸福拓展"。前四个板块是有逻辑关联的。第一板块"幸福起航"的作用是导入、激起兴趣。《幸福咖啡屋》是基于话题而不是基于知识点的课程，所以教材每节的第二板块"幸福咖啡"是这一节的核心内容。我们根据学生的实际生活、真实需要设置两个讨论问题。"幸福咖啡"是问题的讨论，接下来的第三板块"幸福探秘"就要解决问题。"幸福探秘"的目的是进一步提升学生对幸福的认知或者提供解决问题的方法。第四板块"幸福对话"则是对这一节的总结、提升和升华，包含三个栏目——"幸福导师寄语""幸福箴言"和"我的幸福感悟"。第五板块"幸福拓展"的功能是课外拓展，如阅读课外书、观看视频、采访等。在扉页及封底的二维码资源中，我们还附上了教学视频，设置"幸福指引"，方便使用本书的学生、教师、家长等查看。

在进入《幸福咖啡屋》之前，老师还需要用至少一课时的时间向同学们介绍“世界咖啡”的流程、礼仪要求，进行团队建设。使用这本校本教材时，教师可以根据学生在不同阶段的不同需求，选择适合的章节。比如，第二章第二节“美丽等待 玫瑰花开”可以放在八年级，毕竟“早恋”的话题对七年级的学生来说，仍稍显陌生；第二章第三节“无悔选择 得失坦然”就可以放在九年级学生在填报中考志愿的前后，因为这是学生在初中阶段最重要的选择。

“世界咖啡”，被称为“创造集体智慧的最好的汇谈方法”。在国际促动师协会（WFA）的系统里，它被定义为一种促动技术，是可以促动参与者进行深度对话、释放灵感与创造力、连接彼此智慧、产生意想不到的颠覆式创新、结合艺术与技术的过程。“世界咖啡”一般至少两轮汇谈，汇谈环境尽可能像咖啡屋一样布置，四个人坐在一桌开始一轮轮谈论。汇谈围绕一两个对他们非常有意义的问题进行，持续20到45分钟。每一轮结束的时候，一个人仍然留在这张桌子上作为主持人，另外三个则移往其他的桌子。桌子的主持人欢迎到这张桌子的新参与者并和他们共享此前的会议精华，新参与者叙述他们带来的会议线索。然后，讨论继续进行，对问题的探讨也随着新一轮讨论的开始得到加深。第二轮结束的时候，根据设计，参与者回到他们原来的桌子或者继续转到其他的桌子开始新一轮的讨论。三轮或更多轮以后，整个小组集合在一起分享并探究对讨论主题的领悟和学习结果，通过图表或者其他方法将整个小组的共同智慧展示给每个人，这样每位成员都深化了对提出的问题的思考。

“世界咖啡”能成为创造集体智慧的最好的汇谈方法，首先，需要坐在一起的四个人能在最短时间内形成良好的团队（团队建设的一般程序是先互相认识；其次选定桌长，根据组员的共同点确定组名）；最后，组员须遵守礼仪要求——尊重、聆听和贡献。只有参与者尊重他人，注意聆听，并且在汇谈中愿意贡献自己的想法，“世界咖啡”才能促进汇谈的深入和集体智慧的创造。

我们在两年的“幸福咖啡屋”校本课程的教学实践中，摸索了一套适合本校的“世界咖啡”的程序：第一轮小组讨论一般为8分钟（桌长组织、记录、整理）；第二轮小组讨论一般为5分钟（桌长不动，组员流动交换想法，桌长补充完善）；最后展示小组讨论成果，一般为8分钟。本书每章节的“幸福咖啡”板块都可以按上述程序进行，并可根据讨论话题的难易增减时间。

本书适合追求幸福的初中阶段的学生、教师、家长使用。由于编写时间比较紧张，难免有疏漏之处。读者若发现问题，或有好的建议，欢迎发送到邮箱 764888542@qq.com.

胡金兰

2017年4月

目录

第一章 和谐人际才幸福

影响我们中学生幸福感的因素很多，人际关系绝对是非常重要的因素！花点时间和精力去营造和谐的人际关系吧！

第一节 享受亲情 孝亲敬长

幸福起航

有人说，家是我们身心的寄托之所，是我们心灵的港湾，在其中我们能感受到温暖的牵挂、真切的关怀和守候。但随着我们长大和成熟，我们开始有了自己的想法，想要更多的空间和自由，渴望更广阔的世界；于是，难免和父母之间产生一些不愉快的冲突……

青春期的我们难免与父母产生矛盾，但当我们羽翼渐渐丰满之时，更应该牢记是父母给予了我们生命，我们的成长离不开他们的哺育和支持。

分享探究

当父母做了以下这几件事情，你是否会感到不开心：

1. 不欢迎我们的朋友

有些父母可能会因为我们的小伙伴不太懂礼貌，或太斤斤计较，或会欺负人，或爱撒谎等缺点就对其一票否决。

2. 失信

父母说话不算数，口头承诺某些条件，但当我们完成了父母的要求，父母却在兑现时推三阻四。

3. 把我们和其他孩子做对比

在现实生活中，父母经常会把我们的短处和别的孩子的长处相比较，甚至过度地美化别的孩子。

4. 在客人面前指责我们

很多父母喜欢在众人面前揭我们的短，似乎是在向别人诉苦，说自己教育这样一个孩子多不容易。

看完之后，相信大家都有很多感触。接下来，我们换位思考一下，进行小组讨论。

幸福咖啡

小组讨论

1. 你觉得父母最讨厌我们做的事情有哪些？为什么？
2. 造成你和父母间矛盾和冲突的原因有哪些？

“世界咖啡”成果分享

我的想法：

1. ______________________________

____

2. ______________________________

____

（续表）

小组讨论的成果：

1. ____

____

2. ____

____

情境探究

和谐亲子关系的幸福细节

片段一：爸爸妈妈从来不会不问我的意见就把我的东西送人，从小到大，就是要用一下我的笔，也会告诉我一声。

片段二：妈妈从来不会不问我意见就给我买衣服，虽然妈妈眼光很不错，但是妈妈总会说："衣服买回来，你又不喜欢，碍着我给你买的原因穿一两次，就放在那里，不是很浪费？不如你自己喜欢什么就买什么。"

片段三：有一天儿子对妈妈说："妈妈，我同桌说你漂亮哦。"妈妈喜道："真的吗？"儿子说："真的啊！不过我曾看过她的成绩单，她的审美观是——差！"

小组讨论

1. 分享我们和父母交往中幸福的细节，说一说和谐的亲子关系都有哪些共同点？

2. 构建和谐的亲子关系，我们能做的有什么？

“世界咖啡”成果分享

我的想法：

1. ______________________________

____

2. ______________________________

____

小组讨论的成果：

1. ______________________________

____

2. ______________________________

____

心理测试

亲子关系测试

作答方法：请在每一问题前的（　　）中，依问题所描述之情况的符合度，填入适当的数字：1 是很不符合，2 是不符合，3 是基本符合，4 是符合，5 是非常符合（数字为分数）。

请作答，并计分，再由父母作答并计分。然后比较两者的差异。

（　　）1. 不管工作或生活再忙碌，父母都会留一些时间给我。

（　　）2. 父母经常保持愉快的心情和我相处。

（　　）3. 父母认为我是有理性的，能自己面对和解决问题。

（　　）4. 和我对话时，父母很少使用“你应该……”“你最好……否则……”“你再不……我就……”的语气和我交谈。

(　　) 5. 父母觉得我能幸福快乐地生活，比成绩好更重要。

(　　) 6. 父母觉得我犯错和惹麻烦是成长必经的过程。

(　　) 7. 我说话时，父母能耐心专注地听完。

(　　) 8. 父母经常和我有亲密的接触（摸头、拍肩、拍手、相互拥抱……）。

(　　) 9. 即使我犯了错，父母也不会因此就认为我是个坏孩子。

(　　) 10. 父母经常给自己和我留出充裕的时间，避免催促我。

(　　) 11. 不论我发生什么事，父母都能以我的立场考虑我内心的感受。

(　　) 12. 亲子间有冲突时，父母不认为一定是我的错。

(　　) 13. 父母能给我充分的自主空间，决定自己的事。

(　　) 14. 父母要求我做的事情，自己都能做到。

(　　) 15. 父母答应我的事情，一定都会履行。

(　　) 16. 父母与我谈话时，能了解我内心真正的感受。

(　　) 17. 父母了解我的爱好和厌恶。

(　　) 18. 我愿意主动地告诉父母，在外面发生的事情和内心感受。

(　　) 19. 和我谈完话后，父母甚少批评或指责我的想法。

(　　) 20. 我满意我目前的家庭状况。

计分：将（　　）中的数字全部加起来，即得到总分。做完测试后，请安排一个温馨的情境，亲子共同讨论与分享。特别是亲子间的回答有明显落差的问题，更需要彼此坦诚讨论，借以减少彼此期待间的落差。

若总分在60分以下，表示亲子关系已有了危机，需马上调整；

若总分在60～80分之间，表示亲子关系还算良好，但仍有提升空间；

若总分在80分以上，恭喜你，亲子关系十分良好，请继续保持下去。

你的亲子关系如何？描述一下你平时如何与父母相处。

幸福对话

幸福导师寄语

我们都会有这样的苦恼：一方面觉得自己无法得到父母的理解与支持；另一方面，父母又抱怨我们不听话。为什么会出现这样的矛盾呢？关键就在于我们缺乏与父母的交流与沟通。在我们成长的过程中，尤其是进入中学以后，心理发展的因素以及生活经历的差异都会妨碍我们与父母的沟通。但是，血浓于水，父母是我们最亲的人，希望大家以后能与父母真诚地沟通。

沟通是双方的，我们要相互理解、换位思考，这样家庭会更和谐。在与父母沟通的过程中，掌握一些沟通的原则以及方法与技巧也是十分必要的。

1. 选择适当的时刻与适宜的场合

我们在与父母沟通时首先要注意“时空”因素，“时空”选择适当，才能有一个好的开始。

2. 努力避免与父母争辩，抗争是沟通的障碍

一般来说，愿意被子女说服、承认自己错误的父母非常少，纵使我们“抗争”获胜，结果也不会太“融洽”，这不是沟通的最佳办法。

3. 相对付出与行为配合

相对付出，就是在与你的要求相关的事物上，你要有好的表现，做出令父母信任的行为。

4. 寻找恰当的第三者

有些事情，可以借第三者向父母转述你的想法。第三者可以是爷爷、奶奶或者是舅舅、阿姨等，总之，他（她）是一位与你父母关系好、谈得来的人，他（她）的转述加上劝说，常常可以打破沟通的僵局。

掌握以上几条沟通原则很重要，但更重要的是要多与父母沟通，让父母知道你的想法。在沟通的过程中，要多观察，多倾听，注意沟通的方式，尊重父母。同时，还要学会换位思考，体会父母的爱子心情，用温和、委婉的语气表明自己的想法，从而更好地解决问题。

我们在与父母交流时要注意自己说话的语气和分寸，要尊重父母的个性，尊重父母对自己提出的意见和建议。这是对父母最基本的尊重。每周至少跟父母一起做一件事，比如做饭、打球、逛街、看电视……边做事情边交流。放学回家主动与父母谈谈学校的事情，比如老师、同学、校园里的新鲜事……同时，天气好的时候，只要学习不太忙，和爸妈散散步、聊聊天。高兴的事、烦心的事，和父母说说，听听他们的意见。学会遇事多与父母讨论并就如何行动达成协议，这样会让许多事情简单起来。如果你做得不对，不要逃避，不要沉默不语。主动道歉，往往会得到父母的理解。与父母沟通不良时，不随意发脾气、顶嘴，避免不小心说出或做出伤害父母的事。要动怒时，可以深呼吸，或者离开一会儿。

经过这一节的学习，相信很多同学会感触良多：父母真的不易，要好好理解他们、孝敬他们。相信在这样的思想基础上，会让我们与家长的沟通变得更有效！

衷心希望每一位同学都能与自己的父母友好相处，彼此成为永远的朋友！

我的幸福感悟

……………………………………………………………………

……………………………………………………………………

……………………………………………………………………

……………………………………………………………………

……………………………………………………………………

幸福拓展

亲子之间的许多矛盾和问题需要真诚的沟通才能解决，而互相了解是真诚沟通的前提。试着和父母一起完成以下任务。

拓展一：

分别写下自己和对方的生日、身高、体重、喜欢的颜色、爱吃的菜、喜欢的休闲活动或者是运动项目、最不能容忍的事情。

→ 看看双方对彼此的了解是否有差距，这些差距又说明了什么？

拓展二：

回忆并写下一件你最不能接受对方做过的事情，并写明原因。

→ 问问彼此这样做的原因，知道原因后你的想法有变化吗？

拓展三：推荐几本有关亲子沟通的书籍

《正面管教》

《P.E.T.父母效能训练手册》

第二节　同侪友爱　共同成长

幸福起航

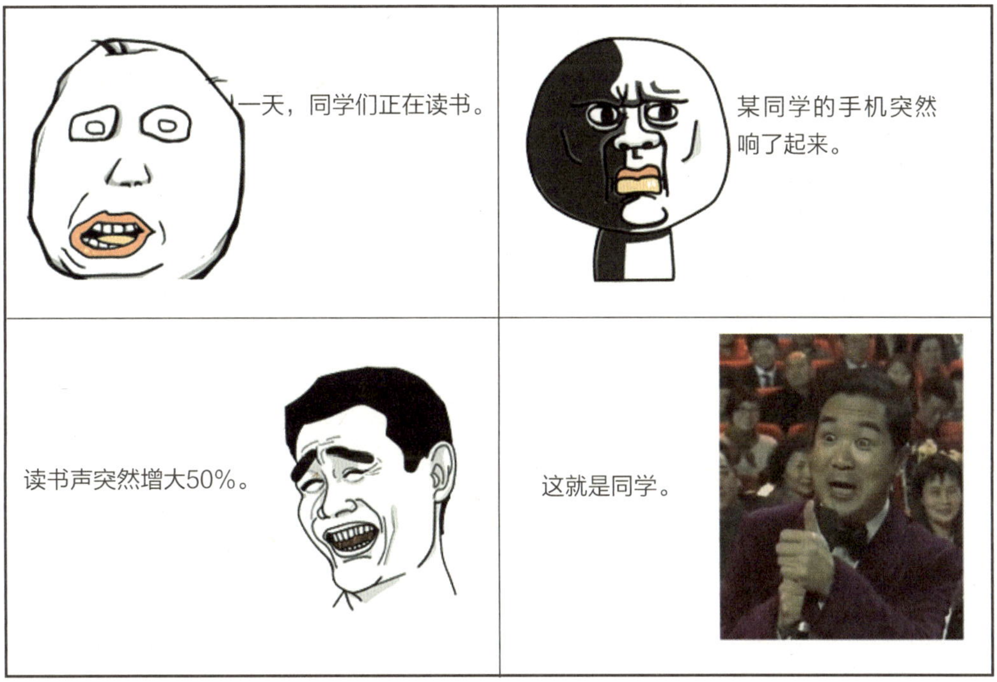

虽然这是漫画的情节，但反映的的确是同学情谊。

这是一种生活在一起好几年互相嫌弃，突然分开了又十分想念的情感。

升入初中的我们会开始想念小学的同学，也会迎来新的同学，开始新的友谊。友谊让人温暖，可为何有时也让人失望？

幸福咖啡

分享探究

我们的友谊是这样的……

但友谊的小船有时候也会说翻就翻……

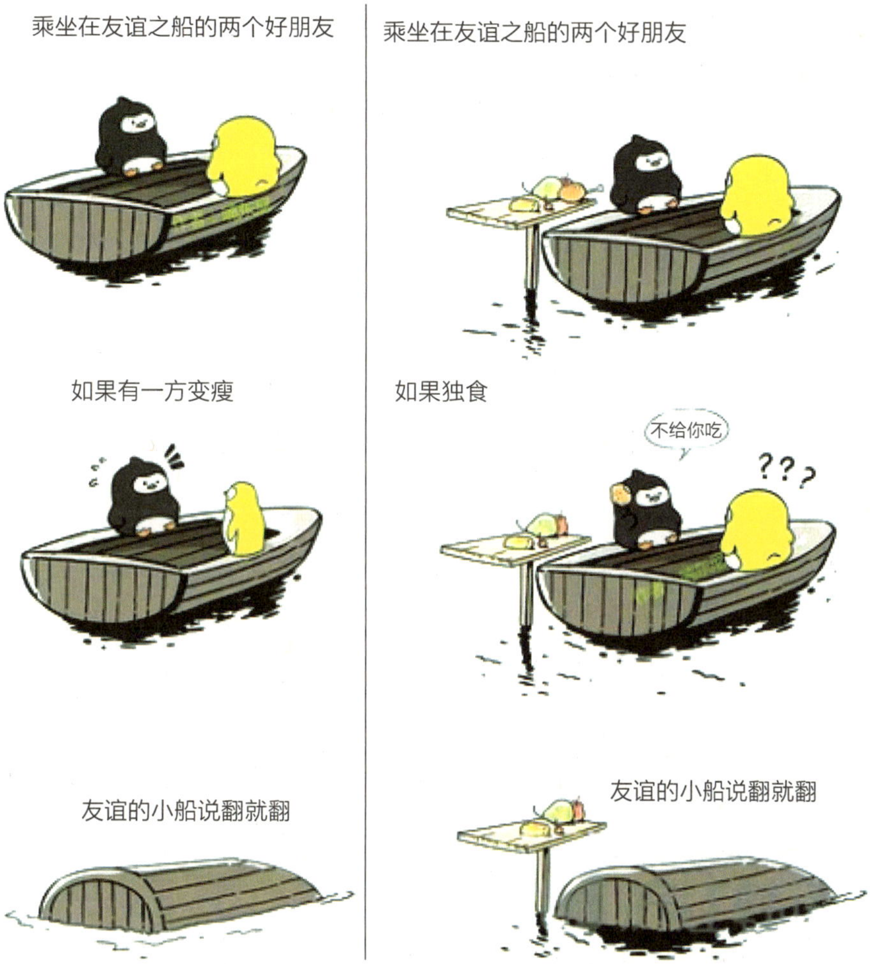

小组讨论

1. 友谊最重要的特质是什么？
2. 朋友什么样的行为会让友谊的小船说翻就翻？

“世界咖啡”成果分享

我的想法：

1. ______________________________

____

2. ______________________________

____

小组讨论的成果：

1. ______________________________

____

2. ______________________________

____

情境探究

升入初中之后，小蕙和小棋成为了非常要好的朋友，两人形影不离。无论是课间还是放学，小蕙都会拉着小棋和自己一起玩。小蕙非常开心，觉得自己找到了一个真心的好朋友。到了下半学期，小蕙发现小棋渐渐地减少了和自己的来往，而且小棋身边出现了另一个好朋友，那就是小玲。小蕙觉得是小玲抢走了她的好朋友，于是心中对小玲产生不满，觉得小玲做什么事情都是在针对她。同时，小蕙也十分苦恼，不知道该怎样对待和小棋的这段友谊。

小组讨论

1. 造成最后局面的原因可能有哪些？
2. 如果你是小蕙，这时候你会怎么做呢？

“世界咖啡”成果分享

我的想法：

1. ____________________

____

2. ____________________

____

小组讨论的成果：

1. ____________________

____

2. ____________________

____

幸福探秘

幸福秘籍

如何收获友谊

我们每个人都渴望获得真正的友谊，但与朋友同行的路有时并不总是一帆风顺。无论是进入新环境找到新友谊，还是维护已经建立的友谊，我们都有可能遇到各种问题和困惑。如何开始？如何维护？如何解决冲突？……随着阅历的丰富，我们发现人和人之间的相处需要热情与行动，也需要方法和智慧。

1. 放开自己

在之前的讨论中，我们会发现友谊中重要的特质有很多，比如 趣味相投、信任、理解、陪伴、帮助，等等。能让我们感到彼此的友谊存在这样特质的人，我们才会想要真心和他（她）交朋友。同样的道理，别人也需要你让他（她）感受到你们之间有着这些特质，才愿意和你交往。做到这些的第一步就是放开自己，敞开心扉，主动表达你的情感。

2. 恰当的行动

获得友谊首先需要你的行动，当然在行动之前要有着失败的打算，这并不意味着对方不喜欢你，或者是你哪里出现了问题。相信自己，只要真诚待人，采取恰当的方式就可以收获友谊：

（1）经常微笑，谁都愿意看到一张灿烂的笑脸。

（2）记住对方的名字，名字记不住还想交朋友？

（3）真诚表扬，要让他知道你喜欢他什么。

（4）寻找共同之处，为你们的交流找些共同的话题。

（5）善于倾听，别当话痨，要鼓励对方多谈自己，让他感到自己很重要。

3. 真心关怀对方

好朋友就应该在最需要的时候出现在身边，一定要在平时交往中注意朋友的需要，在他困难或难受的时候，用行动表达你的关心和支持。真正的友谊需要的是雪中送炭，而不是锦上添花。

4. 尊重彼此

再好的朋友也仍是两个独立的个体，每个人都需要有独立的空间，不要以朋友之名去侵犯对方的世界。朋友之间需要互相坦诚，但并不意味着没有界限和分寸，我们可以给朋友提意见，但别替朋友做决定。

5. 合理解决冲突

就像这个世界上一切人际关系一样，朋友之间发生冲突是难以避免的。我们需要学会的是在冲突发生时，保持冷静，用双方可以接受的方式来解决问题。一定要坦诚交流，不要自己一个人生闷气，给双方一个解释的机会。其实每一次冲突的解决都可能是友谊升华的契机。

幸福对话

幸福导师寄语

岁月在变迁　彼此在成长

最后想和大家分享的是关于友情的结束。友谊可能会以绚烂的方式开始，也可能会以平淡的方式结束。同学们现在回想自己的经历，是不是曾经也有些友情渐行渐远。其实对此不必过于纠结，只不过是岁月在变迁、彼此在成长罢了。正确地看待友谊的结束，才能够享受当下的幸福。

1. 友谊变淡并不是谁的过错

世界上极少有东西一成不变，随着时间的推移，自己在改变，对方在改变，环境也在改变……在这些改变中，有些友谊坚持下来了，而有些友谊则渐渐平淡，这其实并不是谁的过错。就像前文提到的小蕙和小棋那样，后来老师问小棋为什么会逐渐远离小蕙，小棋说道：“其实没有为什么，就是觉得聊不到一起去。”

在这段友谊中，谁都没有错，它就是这样渐渐地变淡了而已。

2. 现实是我们在不断成长，也在不断分离

每个人的人生就像是一条线，相伴同行过的人大多纠缠成了曲线，在某些地方拐了个弯，才有重合一段时间的可能。直线的那些，或许不相交，或许相交一瞬不再相见。现在把大家连结在一起的原因特别简单，有可能是我们都爱某个“爱豆”（idol，即偶像），有可能是我们都讨厌某一个人，更常见的是我们放学的路是同一个方向。遇见相谈甚欢的人，会高兴地说我们是一辈子的好朋友。那时，也确实认为那将是一辈子。

然而随着成长，有些相交的曲线开始朝着不同的方向驶去。儿时的一些朋友之间变得有点尴尬，见面不知道该说什么，为了避免尴尬，大家之间慢慢变成默默地关心。毕业后渐行渐远，对这段友谊挽回无果时，也会默默地悲伤。

3. 坦然接受好过默默悲伤

当你认识到，有时友谊的结束并不是谁的过错，也就能接受这是人生中不可避免的现象，坦然接受它就变成一件轻松的事情。有些人会相伴在你身边久一些，有些人走着走着就去了不同的地方，有些人来得及道别，有些人消失得悄无声息。突然有一天回过神来，发现不知道什么时候，身边的人换了一拨又一拨。还有一直都在的那些人，他们的友谊是我们的福分，所以更不能轻易挥霍和他们之间的感情。我们要学会接纳一段友谊的退出，这样才能坦然地接受新的友谊。

4. 有些友谊可以主动选择结束

每个人都应该有自己的交友原则和底线。孔子说过，有益的朋友有三种，有害的朋友也有三种；与正直的人交朋友、与诚实的人交朋友、与见多识广的人交朋友，有益处；与走邪门歪道的人交朋友、与谄媚奉迎的人交朋友、与花言巧语的人交朋友，有害处。当一些人在交往中触犯了我们的原则和底线，甚至是背叛和伤害我们，我们当然可以选择原谅和宽容他们，但我们也可以选择结束这段友谊。这两种选择都需要勇

气和智慧。我们要学会分辨：哪些朋友可以深交，哪些朋友要慢慢疏远、保持距离。

我们不可能和每一个人都成为朋友，但是我们要学会和多数人和睦相处，对所有人真诚相待，感受友谊给我们带来的幸福。

我的幸福感悟

……………………………………………………………………

……………………………………………………………………

……………………………………………………………………

……………………………………………………………………

……………………………………………………………………

幸福拓展

列出你这个学期最想和你的好朋友一起做的十件事情，然后和他（她）一起完成吧，当然你也需要帮助他（她）完成他（她）想做的事情！

第三节 亦师亦友 教学相长

幸福起航

图片上左边的人叫作叶德元，是四川成都市七中育才学校的一名教师，在2015年当选为全国“最美教师”。他开通的博客“叶老的窝”，用1600多篇朴实而又充满爱的博文记录下和孩子们的每一天，用心用情分享与同学们一起成长的故事。他设计了200多个主题鲜明的特色课题，用爱与创意让他所带的每个班级都成了明星班。为了孩子们的成长，叶德元牺牲周末的时间，跟他们一起在社区、动物保护基地、大自然中体验生活，建立了平等、尊重、相互激励的新型师生关系。

老师是我们成长道路上的引导者，我们在学校的时间里经常会和老师在一起，那么我们了解自己的老师吗？知道该怎样和他们愉快地相处吗？

幸福咖啡

分享探究

以下是某些老师常说的一些话：

1. 等你走上社会，你就会感谢我了；
2. 为什么迟到，我不想听到任何理由；
3. 睡觉的那位同学，请你来回答一下这个问题；
4. 这题还有没有不懂的？好，我们来看下一道题；
5. 先别着急着下课，我就耽误大家一分钟；
6. 你们看看隔壁班的同学，及格率都比你们高；
7. 你们是我教过的学生中最差的一届；
8. 桌子里的东西拿出来，别以为我不知道你们在下面做什么；
9. 老师在上面讲，你在下面讲，你会你来做；
10. 这道题我已经讲过很多遍了，还做错，你好意思吗？

小组讨论

1. 你喜欢老师对你说这些话吗？什么样的老师比较受大家欢迎？

2. 老师在你的生活中扮演着什么样的角色。

“世界咖啡”成果分享

我的想法：

1. ______________________________

____

（续表）

2. ____

____

小组讨论的成果：

1. ____

____

2. ____

____

情境探究

上课的时候，张同学举手向老师报告：“老师，林同学用粉笔砸我。”坐在张同学身后的林同学是一个小调皮，学习成绩还可以，就是比较争强好胜，好狡辩，喜欢在课堂上做一些小动作。听到张同学的报告，老师还没有说话，林同学就大声狡辩起来：“我没有砸，是石同学砸的。”老师说：“人家怎么不说是胡同学砸的呢？”胡同学是坐在林同学边上的。老师继续说：“你做了错事还不承认，还像一个男子汉吗？”这句话引来了其他同学的讥笑，林同学非常气愤，他气呼呼地看看石同学，又愤愤不平地看看老师，说了句：“有些人才不像男子汉呢！”在那又是拍书又是砸笔。课后老师很快了解到，今天确实不是他惹事去砸人家的，而是石同学砸的。前面说的那番话让老师陷入了尴尬的境地，也使老师和林同学之间产生了一丝不愉快。

小组讨论

1. 在当时的情境下，林同学怎么做更合适？
2. 在和老师的交往中，我们要注意什么？

“世界咖啡”成果分享

我的想法：

1. ______________________________

____

2. ______________________________

____

小组讨论的成果：

1. ______________________________

____

2. ______________________________

____

幸福探秘

幸福秘籍

面对不同的老师

正如前面讨论的那样，在我们学习生活中，受欢迎的老师有许多种，每个人都不是完美的，不可能让我们的老师去拥有所有受学生欢迎的性格。因此，可能老师有时候做不到让每一个同学都满意、喜欢。由于年龄、经历、学识、性格等方面的差异，每个老师表达自身情感的方式都有所不同，因而我们会遇见很多不同风格的老师。可能你第一眼无法喜欢上他，但是尊重与接纳这些“不同”，能够让我们更加亲近老师、了解老师，形成平等、尊重、真诚的师生关系。

1. 承认老师的“不同”

每个老师都有着不同的风格，有的幽默风趣，有的严谨认真，还有的亲切和蔼。每个人的喜好不同，喜欢某种性格的老师最正常不过了。但是，并不是每个老师都恰巧是你喜欢的性格，所以承认并接纳他们的不同，才会有更多的机会去了解每一位老师。

2. 发现不同风格老师的优点

老师在课堂几十分钟内的表现并不能代表他的全部，我们要尝试从多方面、多角度去了解老师的职业和生活。也许课堂上严格认真的老师，在平时生活中也有温柔可爱的一面；也许你的老师和你喜欢同一个歌手；也许你的老师和你喜欢同样的运动。善于发现老师的优点，给自己一个接纳老师的理由。

3. 理解老师教育行为的目的

尝试去换位思考，用理性的态度去理解，平时老师在学习生活中的一些做法背后的初衷和目的。比如在课堂上批评过于吵闹的学生，调换座位，课间的谈话，等等。只有我们真诚地了解老师教育行为背后的初心和用意，才有可能更好地去理解老师。

4. 主动和老师交往

了解再多的理论知识，都不如在现实生活中主动和老师交往。不要将和老师的交往仅仅局限在课堂之上，也不要将交往的内容仅仅局限在课本知识之中。试着在课余时间，在每一次见面的时候，用亲切的问候、真诚的笑容去表达自己对老师的亲近，从而拉近师生之间的关系。

想一想，给老师写几个师生交往中你最苦恼的问题，然后向老师寻找答案。

幸福对话

幸福导师寄语

先和大家分享一个小故事：

我初中的时候挺叛逆，老爱玩，成绩差。数学老师（不是班主任）每晚都留我下来做几道题目才肯让我回家。我对此表示十分不满，凭什么别人可以回家而我要留下来陪您耗着。直到有一次无意间听到老师给女儿打电话，说：“爸爸有重要的事，要晚点回家。”我才知道：没有人的付出是出于恶意，只有身在福中而不自知。

这个故事告诉我们，很多时候不理解是造成师生矛盾的重要原因。所以，调整好自己的心态，学会和老师相处，才能感受到老师的用意和付出。

1. 尊重老师，尊重老师的劳动

我们上学是为了学习，学习知识，学习做人，通过学习发展自己。求知和做人需要老师的教育、帮助和引导，这有赖于老师的辛苦付出。师生之间，老师是施益者，学生是受益者。老师的工作就是将知识无私地、毫无保留地教给学生，他们希望看到的是学生不断地成长。

学生要学会尊敬老师，见到老师礼貌地打声招呼。上课认真听讲不破坏纪律，把老师布置的作业保质保量地完成。有些同学作业写得马虎、潦草，单是让老师辨认字迹都要费很多工夫，给老师增加了很多额外的工作量。每个人都希望别人尊重自己，如果你和别人说话，他爱理不理，你会喜欢这个人吗？尊重老师，尊重老师的劳动，是师生和谐相处的基本前提。

2. 勤学好问，虚心求教

勤学好问不仅有益于学习，还能加深你和老师的交流，无形中缩短与老师的距离——每个老师都喜欢肯动脑筋的学生。其实，向老师请教问题往往是师生交往的第一步。老师喜欢的学生，往往是既虚心又好学的学生。虚心好学的学生在课堂上遵守课堂纪律，专心听讲，勤于思考，积极响应老师的课堂指令。学无止境，永远不要说："老师，我早就会了，快下课。"除班主任外，任课老师并没有多少时间和学生直接交往，常向老师请教学习上的问题会加深师生之间的了解和感情。

3. 正确对待老师的过失，委婉地向老师提意见

常言道："金无足赤，人无完人。"其实，世界上根本就没有零缺点的人存在。老师不是完美的，如果他有的观点不正确，或误解了某个同学，甚至有的老师"架子"比较大，或是太严厉，这都是有可能的。发现老师的不足要持理解态度，向老师提意见时语气要婉转，时机要适当。如果老师冤枉了你，当面和老师顶撞，好吗？当然不好。这样不仅不利于问题的解决，还会恶化师生关系，暂时忍一忍，等大家都心平气和时再说。不管怎么说，老师是长者，作为学生，都应尊重老师，照顾

老师的自尊心和面子。

4. 犯了错误要勇于承认，及时改正

有的同学明知道自己错了，受到了批评，可就是不知改正，与老师的关系闹得很僵。有的同学则相反，受过一次批评后，就特别怕那个老师，担心他对自己有成见。这都是没有必要的。错了就错了，主动向老师承认，及时改正，老师会原谅你的。老师不会因为哪个学生一次没完成作业，一次违反纪律，就对学生下定论，说他是坏学生，就对他有成见。要相信，老师还是会比较全面、客观地评价学生的。

总而言之，理解老师的用心，真诚地与老师交往，感受彼此同行的幸福，那些老师陪伴你走过的岁月都是对你无声的告白。

我的幸福感悟

……………………………………………………………………

……………………………………………………………………

……………………………………………………………………

幸福拓展

拓展一：尽可能多地去了解身边的老师的一些基本信息，如血型、星座、喜欢的运动、喜欢的书籍等，将其汇总，出一期主题为“亲其师，信其道”的黑板报。

拓展二：尽可能地回忆身边每个老师打动你的瞬间，又或是你喜欢他（她）的原因。然后用微信、短信、便签、书信等各种方式，向老师表达你的内心世界。

第二章 抚平纠结能幸福

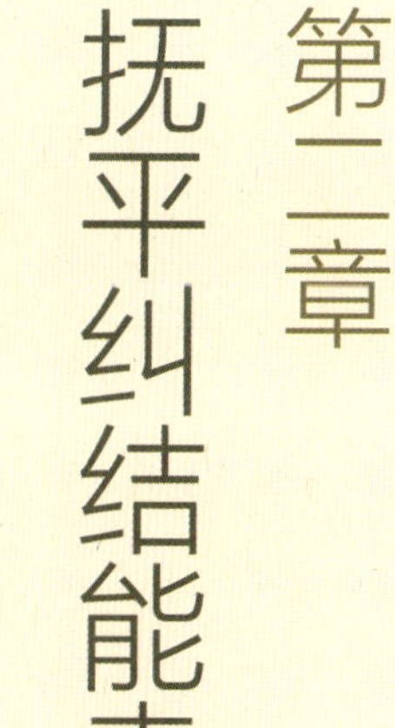

青春期在人的一生中是一个充满暴风骤雨的阶段。当我们处于青春期时，容易发脾气，而且充满了矛盾、纠结的心理：成人感与幼稚感的冲突，自制性和冲动性的矛盾，在情感和性的认识上存在着既非常渴求又不好意思表现的压抑的矛盾状态，等等。这是一个自然的过程。我们在这样的矛盾、纠结中慢慢长大，静待花开。

第一节 幸福生活 无须完美

幸福起航

《失落的一角》是一本朴素的绘本。它讲述的是一个失去了一角的圆动身去寻找自己失落的一角。缺少这一角，让它滚动的速度变慢。然而正因为这样，它可以在漫长的旅途中闻闻花香，和毛毛虫说上几句悄悄话。它经历着日晒雨淋，却总是快乐地吟唱着：“我要去寻找我那失落的一角……”有一天，它终于找到了这一角，它变得完整，滚动的速度非常快，可是它再也不能停下来闻闻花香，和毛毛虫说话，再也不能徜徉在阳光灿烂的天空下快乐哼唱……一番痛苦的思考后，它将找回的一角丢在路边，慢慢地滚走了……

从容地走开

幸福咖啡

情境探究

露露是一名八年级的女学生，在过去半年里，她过得非常不开心，特别是看到同学们脸上洋溢的笑容，她更是觉得自己快要疯掉……

★烦恼 1：在同学们眼中，她各方面都十分优秀，功课好，口才好，还是副班长。然而，在短短的半年里，她变得越来越不开心，甚至疏远同学，常常一个人发呆。在一次语文作文中，她还写出了“恨我是我”的心声。老师将这名原本活泼开朗的学生找来，经过长达50多分钟的聊天，露露才说出了自己的苦恼：在上一次的班干部评优中，评她“优秀”的只有36票，这个结果让她很沮丧，她认为还有12位同学反对甚至讨厌她，可能还包括自己原来的朋友。于是她每天都在偷偷观察身边的同学，她也尽量让自己少“作为”，怕有更多的同学反感自己；但让她更痛苦的是，同学们在快乐玩耍，她觉得自己被孤立，同学们开怀大笑，她认为是对她的嘲讽。

小组讨论

1. 如果你是露露，36票的“优秀”对你意味着什么？你会如何看待缺席的12票呢？

2. 完美与幸福的关系是什么？露露接下来又该如何重新获得快乐呢？请给出你的建议。

“世界咖啡”成果分享

我的想法：

1. ____________________

____

2. ____________________

____

小组讨论的成果：

1. ____________________

____

2. ____________________

____

★烦恼 2：踏着青春的脚步，同学们对“俊男美女”的讨论热火朝天：宋仲基、全智贤、江疏影……不知从何时开始，班里男生们评选了“班花”“四大美人”“最温柔女生”……站在镜子前面，露露心灰意懒，她没有丽丽的白皙皮肤和尖下巴，没有张桦炯炯有神的大眼睛，更没有彩儿的高挑个儿，她有的只是胖乎乎的脸和一双单眼皮的眼，她看起来是那么的普通，看着旁边将近满分的各科试卷，她还是很伤心，因为大家都说这是一个看脸的时代。

于是，她开始学着个别爱美的女同学：贴面膜、修指甲、搽粉底、画眉毛，就连上课都偷偷照镜子……在外表慢慢变美的同时，好朋友都慢慢疏远她了，说她“作”，老师多次在作业本上打了大大的“？”。她感到很苦恼：为什么变美的她反而不快乐呢？

小组讨论

1. 同样作为一名学生，你是否也有类似露露的经历或想法？你是如何看待“这是一个看脸的时代”这句话？

2. 宋仲基、全智贤、江疏影等明星是因为“美”和“帅”才备受追捧吗？你认为还有哪些因素？

“世界咖啡”成果分享

我的想法：

1. ____

____

2. ____

____

（续表）

小组讨论的成果：

1. ____

____

2. ____

____

幸福探秘

心理测试

你是否也因为过分追求完美而缺失幸福感呢？下面通过测试来告诉你答案吧。

请你逐一阅读下面的句子，然后按照你自己的实际想法进行选择。1 表示完全不符合你的实际情况，5 表示完全符合你的实际情况，数字越大，表示越符合你的想法。

1. 我的父母期望我能表现卓越　1　2　3　4　5
2. 小时候，我曾因为事情做得不够完美而受到过惩罚　1　2　3　4　5
3. 我讨厌事情做得不完美　1　2　3　4　5
4. 任何事情我都要做到最好　1　2　3　4　5
5. 在考试中，我经常希望得到最高分　1　2　3　4　5
6. 有人在某一事情上做得比我好，我会有挫败感　1　2　3　4　5
7. 如果我不尽全力做事，别人会觉得我是失败者　1　2　3　4　5
8. 别人总希望我成为最好的　1　2　3　4　5
9. 如果我犯了错，我会心烦意乱、很不舒服　1　2　3　4　5

10. 我努力成为一个安排有序、有条理的人　1　2　3　4　5
11. 当我在学习中出现一个错误时我会很焦虑　1　2　3　4　5
12. 如果我没得班级第一，即使通过考试也是失败者　1　2　3　4　5
13. 我无法接受有瑕疵的事情　1　2　3　4　5
14. 我为自己制定的目标，比大多数人的目标高　1　2　3　4　5
15. 我觉得部分的失败与全部失败一样糟糕　1　2　3　4　5
16. 我会花很长时间，把事情做得完美　1　2　3　4　5
17. 即使我很认真，我还是经常觉得事情做得不够好　1　2　3　4　5

完成答题后，将每题得分相加。如果你的得分在50分以下，说明你的想法是比较现实的，并没有因为对自己的过高要求带来不快乐；如果得分在50分及以上，说明你过于追求完美，并因此缺失幸福感。

古语有云："有心栽花花不开，无心插柳柳成荫。"对自己的要求不要太高，成为自己能够成为的人就好，那样你将每天过得舒心、阳光。

经过测试，请进行自我剖析：

我的幸福感悟

……………………………………………………………………

……………………………………………………………………

……………………………………………………………………

幸福秘籍

一位农夫每天用一根扁担挑着两个水桶去河边挑水。两个水桶中，有一个有一道裂缝，因此每次农夫把水挑到家时，这只水桶里总是会漏得只剩下半桶水，而另一个桶却总是满满的。如此过了两年，每天农夫只能从河里挑回一桶半水。完整无缺的桶很为自己的完美得意忘形，而有裂缝的桶自然为自己的缺陷和不能胜任工作而羞愧万分。经过两年的失败之后，有一天在河边，有裂缝的桶终于鼓起勇气向主人开了口："我觉得很惭愧，因为我这边有裂缝，一路上漏水，只能挑半桶水到家。"

农夫笑着回答说："可是你注意到了吗？在你那一侧的路边上开满了花，而另外的一侧却一朵花也没有！我从一开始就知道你有裂缝，于是在你的那一侧的路边撒了花籽。我们每天担水回家的路上，你就给它们浇水。两年了，我经常从这路边采摘鲜花来装扮我的餐桌。如果不是因为你的所谓的缺陷，我怎么会有美丽的鲜花装扮我的家呢？"

从以上的小故事中，你得到了什么启发？

幸福对话

幸福导师寄语

每个人都有失落的一角，每个人总是试图寻觅这个缺失的角，有人找不到合适的，有人找到了，却因为太圆而转得太快，错过了最美的风景。可见，小缺陷中有大幸福，完满未必幸福。正如南怀瑾所言："立身不求无患，身无患则贪欲必生；处世不求无难，世无难则骄奢必起。"因此，无论个人、社会还是国家，幸福的秘诀之一就是直面缺陷、笑对挫折、勇敢迎战。

现实生活中，我们总是被完美的东西狂轰滥炸——时尚杂志上的俊男美女，电影中的超级英雄……"我们总是按照社会和他人的期许，在每个领域中无休止地追求完美——看起来更年轻，赚更多的钱，每时每刻都力求快乐……而苛求完美恰恰是人们寻求幸福最大的障碍。”泰勒博士说。

阅读感悟

早晨六点刚过我就醒了，虽然还想睡，但还是一翻身起了床。虽然有点困，但我还是很高兴，因为俗话说：“床前脱鞋子不知明天能穿不能穿。”我确信我还活着，我还能穿鞋，活着真好！

我拉开窗帘，揭开了一天的序幕。我匆匆洗漱一下，几步跨入厨房，“嘀”的一声打开了电磁炉，点燃了一个白天，开始为一家人的幸福加温，我是标准的家庭“福男”。

吃了饭我快马加鞭去上班，路上我很高兴，因为我没有失业，我还有饭碗可端。

一进办公室我就高速运转，事多，找我的人也多。我还是很高兴，这说明我的确很重要，许多人都需要我，单位也需要我，我没有太多的失业危险。我的门好进，我的事好办，我虽然长得不算好看，但我脸色挺好看，我给人们愉快，人们还我笑脸，“良言一句三冬暖”，何必给别人难堪，给自己麻烦。

上完早班，菜市溜一圈，回家当起“火头军”，把幸福煮在锅里，给美好的日子继续加温。午饭后，小憩片刻，又迅速起身上晚班。我尽快把早上没有处理完的事情办完，不能让找我的人犯难。

下午上班后，领导召见并批评了我，但我并不沮丧，因为这说明领导办事很认真，也说明领导对我的工作很重视。

上完晚班回家后，打开电磁炉，我“烧”了又一个黄昏，幸福生活在锅碗瓢盆里奏响。饭后看看电视，上上网，下下棋，偶尔还能接到远方亲人打来的电话，自然又有了几分惊喜。困了就拉上窗帘，上床休息，一天就在甜蜜的梦乡里落下了帷幕。

阅读以上文章，请分享你的感受。

幸福拓展

成长路上，很多人与我们相伴相行，在我们彷徨与迷茫的时候，不妨停下脚步，看看身边拥有幸福笑脸的他（她），思考一下：幸福快乐的他们，完美吗？

请在本班同学中，找出你认为过得最幸福快乐的5位同学，并完成下表：

<table>
<tr><th>最幸福快乐的5位同学</th><th>他（她）的优/劣势（可多选）</th><th>优势</th><th>劣势</th></tr>
<tr><td></td><td></td><td rowspan="5">1. 成绩优异
2. 人缘好
3. 家庭富裕
4. 优秀班干部
5. 相貌出众
6. 口才好
7. 体育好
8. 心态好
9. 性格好
10. 其他</td><td rowspan="5">1. 成绩不理想
2. 人缘不好
3. 能力不足
4. 长得不好看
5. 不善表达
6. 体育差
7. 性格不好
8. 其他</td></tr>
<tr><td></td><td></td></tr>
<tr><td></td><td></td></tr>
<tr><td></td><td></td></tr>
<tr><td></td><td></td></tr>
<tr><td>你的结论</td><td colspan="3"></td></tr>
</table>

第二节 美丽等待 玫瑰花开

幸福起航

高中时早恋，班主任把我叫到办公室耐心地批评、教育、规劝，我淡定地说：“我们是真爱！”说完转身走了……

昨天带老婆孩子逛街时碰到了当年的班主任，激动地跟她打招呼，班主任瞅了瞅我媳妇，淡淡地说：“你的真爱呢？”说完转身走了……

老师，您憋了这么多年的气该消了吧？

幸福咖啡

情境探究

青春期的我们，男女同学在一起学习、交谈、工作时，彼此之间难免会产生一种愉悦、美好的情感。假如这种美好的情愫悄悄降临，我们该如何选择呢？

镜头一：那一次，在图书馆，我和她偶遇。眼光对视的那一刻，我发现她美丽、大方。没想到在学校文学社招聘时，我们又遇见了，彼此都觉得跟对方很投缘。之后，我们常常在一起阅读文学作品。更令人兴奋的是，我们都很喜欢张爱玲的作品。两人相处得非常开心。慢慢地，我喜欢和她在一起的感觉。在苦中跋涉的书山学海中，谁不渴望会意的双眸来解我旅途的孤独？

小组讨论

早恋是真正的爱情吗？如果不是，两者有什么区别？

“世界咖啡”成果分享

我的想法：

____

____

小组讨论的成果：

____

____

镜头二：伴随着情感的升温，我突然有了想表白的冲动，但我也渐渐发现，课堂上我总是很难集中精神学习，脑子里出现的全是她的影子。放学后，我总会在人群中寻找她的身影。渐渐地，我觉得自己越来越离不开她，满脑子都是她。也许我真的不应该这样，但是理智真的很难说服自己的感情。

小组讨论

讨论并完成表格：你觉得男生该不该向女生表白？表白和不表白，会有相应的什么结果？

选择		表白	不表白
原因			
结果	利		
	弊		

“世界咖啡”成果分享

我的想法：

____

____

小组讨论的成果：

____

____

幸福探秘

阅读感悟

这是一段被告白女孩的独白：

他，最终还是向我表白了。可是，我并没有接受他。我知道，他很优秀。我承认，他身上有一种很特别的气质，很吸引我，那是一种我从来没有过的感觉。在相处的这段时间里，他对我有好感，我又何尝不是呢！对于爱情，我也很憧憬。可是，一起聊聊文学，在一起心动的感觉，就是爱情吗？我告诉他，感情没有对错，但青涩的爱情很难有结果，我们谁都没有办法保证能够一直走下去。而一旦迷失其中，就会留下伤疤，最终成为遗憾。我们还有大学梦，我们还有很长的路要走，不是吗？如果此刻我们下车了，或许永远都到不了目的地。在这个成长的阶段，我不会轻易地去表达心中悸动的情愫，这是对自己，同时也是对他的负责。在他表白后，我们似乎变得比以前陌生了，而他在接下来的一段时间里，似乎还纠缠在这段情感中。但慢慢地，他似乎走出来了，也淡忘了。后来有一天，他告诉我，表白只是冲动的选择。其实还是最开始的那种感觉最美、最真！

请用几句话谈谈你的读后感：

读一读以下两个情感故事，谈谈你的感悟。

情感故事1：人的大脑里有一个天平，一边装着感情，一边装着理智。当我们用心所爱之时，也要用心所思。爱和被爱都没有错，但遗憾的是时间并不总尽如人意。从走进初中的那天开始，我们就在一步一步向中考靠近。我们要对自己负责，对明天负责，同时也要对爱情负责。

一个8岁的小男孩对自己的母亲说："我好喜欢我们班上的一个女同学，我要娶她做我的新娘！"这个母亲告诉孩子："你喜欢她就要给她幸福，你就要买带花园的房子，买小汽车，送给她钻石项链和玫瑰花，所以你要好好读书，到时候才可以赚钱买这些东西，你才有资格去爱她。"这位母亲说的话很有道理，爱一个人就要给他（她）幸福。如果你现在还没有能力，就要努力地去创造给他（她）幸福的条件。作为中学生的你只有把爱的种子珍藏在心底，把精力用在自己的学业和个性的完善上，才能在将来赢得甜蜜的爱情！

你的感悟是：

情感故事2：有一天一个学生在网上问我："老师，我收到了一个异性同学的书信，心里很不安，早恋可怕吗？可耻吗？您收到异性朋友的信是什么时候，您当时是怎么处理的？"

我很感谢这个同学把我当成了朋友，我告诉他："早恋不可怕，更不可耻，但你们都还太小，正是读书长身体的年龄，而不是恋爱的季节。记得那年，当一张高考分数单把我的大学梦撕得粉碎的时候，比我低一年级的一个男生给我写了一封信，表达了朦朦胧胧的爱情。说真的，他喜欢我，我也喜欢他，和他在一起，我真的很开心！可是我觉得高考落选的我根本就没有资格谈论爱情，再说他很快也要面临高考，我不能去打扰他，我便没有理睬。那时候我已经回到家乡，在一个山村小学当了教师。我们相约'明年高考场上见'。为了人生的理想，为了心中那个美丽的梦，我每天都要工作学习到深夜1点多。我用理想激励自己，用更勤奋的学习转移兴趣。我每天都有看不完的书，做不完的作业，有时候为了一道难题我要跑很远的山路去请教。我们严格遵守'高考前不写信，不见面'的承诺，每当我精疲力竭的时候，只要一想到那个美丽的约定，我就觉得浑身充满无穷的力量。我没有工夫去梳妆打扮，舍不得花一点时间去玩耍嬉戏。时间过得真快，第二年我们双双走进了高考，我们都如愿以偿地实现了理想！"

很多年过去了，尽管我的初恋有花无果，但是我们当初对于爱情的态度是正确的。每当回忆的小舟划过这段港湾时，我依然觉得很温馨，很甜蜜！把爱情变成动力是一种不错的选择。在我们的身边，在我们的校园里，也一定有这样的同学“相约在大学”！我愿意诚心诚意地为这样的同学祝福！

阅读上面的文章，相信你也感受了其中无穷的力量，请简要谈谈你的感受。

幸福对话

幸福箴言

孩子，我想对你说

人到中年，过着平静而忙碌的日子，似乎好久都没有好好地谈论爱情了。而今，眼中的爱情已不再是年轻时的炽热和情绪化的大起大落，更多的是爱的意义、爱的责任。

生活是多彩的，爱情是美丽的。每一个人都有爱与被爱的权利。孩子，让我们一起走进爱的殿堂，看看你们这道爱的画廊。

淡粉色——你可曾想过为什么而爱他/她？是因为他外表很酷，或是她长得秀美？是因为他打篮球的技术高超，或是她能歌善舞？是因为他成绩优秀，或是她聪明伶俐？是因为他的幽默，或是她的善良？还是因为被他/她的爱而感动了？随着岁月的流逝，无论是哪一种感受，都会有所改变。因为你们还小，性格、意识都没有定型。你们渐渐长大了，或许不会再喜欢外表很酷、擅长篮球的他，或许会觉得内涵更重要。感情渐渐淡了，自然要分手，对自己、对他，不是一种伤害吗？不要假装潇洒地说出“不在乎天长地久，只在乎曾经拥有”来安慰自己。

淡紫色——你可曾想过这份爱是不是只浮于表面呢？你们有心与心的真正相融吗？如果你们只是在一起玩，只能说你们是玩伴，而谈不上是爱人。有一天，长大的你不会总是在玩，不会和只能陪你玩的人相伴同行，也就不会让你们的爱长久。若想此情不变，两个人最好有共同的生活目标。志同道合，方能此情不渝；生活态度要相同。才能携手同行。否则，一个进步，一个原地不动，甚至倒退，又怎能相依相伴呢？眼前的甜蜜又如何能够代替这一切呢？

淡绿色——你可曾想过爱情不是你生命中的一切？生活是多方位的，你不是仅仅为了爱情而活着。你还有很多的事要做，难道为了经营你们的爱情，而放弃奋斗吗？这是非常不理智的！因情废志，将令人遗憾终生。因为你们还小，所以很难同时驾驭这两方面。影响学习，影响前途，对你们不是一种伤害吗？

孩子，你们发现了吗？在你们的这道爱的画廊中，所有的色彩都是淡淡的，都是朦朦胧胧的！我承认它的存在，它的纯美。其实，大人和你们一样喜欢浪漫，追求爱情。但你们知道吗？ 浪漫是一件缥缈的事。朦胧地望，远远地看，它永远都很美；或许走近了，倒觉得失去了。青春期的你们，何不将最浪漫的事，好好收藏。

幸福导师寄语

美国心理学家斯滕伯格提出，爱情需要具备三个部分的因素：激情、亲密和承诺，三者缺一不可。而真正的爱应该是一种责任、一种能力。中学阶段所谓的“爱情”，或许只具备其中一部分或一角，并不完全是爱，它只是爱的假象。

爱，是个厚重而圣洁的话题。爱的内涵包括太多太多，不是一下子能说清楚的。爱是用行动来表示的。爱的外延很广，有父母对子女的爱，有老师对学生的爱，有朋友之间的爱，有恋人的爱，等等。虽然它们有各自的特点，但有一点是共通的：我们需要为爱负责！青春期常常

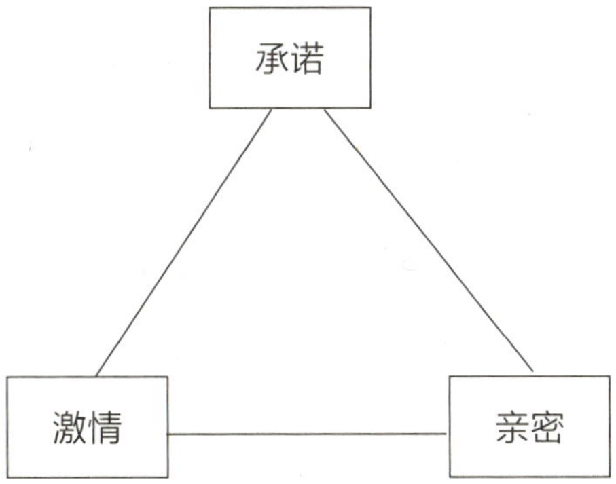

被人们喻为“疾风暴雨期”，而爱情是世界上最美好的情感之一，我们一定要将这份美好的情感好好保存，等到“疾风暴雨”后再美丽绽放。对于中学生来说，现在最重要的是学会等待，等待在成熟的时机收获一段美丽的爱情。让我们在等待中健康成长，静听花开。

我的幸福感悟

幸福拓展

青春萌动，身边的同学们又是如何对待这个美丽的话题的呢？不妨召集几位（6~8位）好朋友，来一场“真心话大冒险”，聆听同龄人的心声。

活动名称	真心话大冒险
活动要求	随机抽取学号，抽到学号的学生再抽取一个问题，快速、真心问答
问题选择	1. 你喜欢谈论异性同学吗？你喜欢谈论异性同学的什么方面？ 2. 你想了解异性同学吗？你想了解哪些方面的内容？ 3. 你喜欢哪种类型的异性同学？ 4. 你对两个走得比较近的异性同学进行过嘲笑、起哄、“乱点鸳鸯谱”吗？ 5. 你被“乱点鸳鸯谱”过吗？你是怎么应对的？ 6. 你见到喜欢的异性时会有什么感觉？ ……（可设计其他问题）

第三节　无悔选择　得失坦然

幸福起航

人生处处有选择。我们背着行囊踏上旅途，要选择什么样的食物；我们停在十字街头，要选择向左还是向右；我们抄笔做题，要选择是正确还是错误；我们遇上困难时，要选择是跨越还是停驻。

到底是做作业呢？还是不做作业呢？哈哈哈哈哈~

考试快结束的时候，总特别纠结，关键是……手还贱

看起来B是对的，C也没错的样子，简直不知道赌哪个好

中午吃什么？

每次剪头发都要纠结很久

选择，影响着我们的人生轨迹。

一个选择，决定一条道路；一条道路，到达一方土地；一方土地，开始一种生活；一种生活，形成一个命运。

幸福咖啡

故事探究

不同的选择，不同的结果

有三个人要被关进监狱三年，监狱长给他们三个人一人提一个要求的机会。美国人爱抽雪茄，要了三箱雪茄。法国人最浪漫，要一个美丽的女子相伴。犹太人说，他要一部与外界沟通的电话。三年过后，第一个冲出来的是美国人，嘴里鼻孔里塞满了雪茄，大喊道："给我火，给我火！"原来他忘了要火了。接着出来的是法国人。只见他手里抱着一个小孩子，美丽女子手里牵着一个小孩子，肚子里还怀着第三个。最后出来的是犹太人，他紧紧握住监狱长的手说："这三年来我每天与外界联系，我的生意不但没有停顿，反而增长了200%。为了表示感谢，我送你一辆劳斯莱斯！"

小组讨论

1. 三个不同的人为什么会选择不同的东西？是什么决定了他们的选择？
2. 他们的选择又造成怎样不同的结果？
3. 选择与结果之间的关系，启示我们该如何进行选择？

"世界咖啡"成果分享

我的想法：

1. ______________________________

____

（续表）

2. ______________________________

____

3. ______________________________

____

小组讨论的成果：

1. ______________________________

____

2. ______________________________

____

3. ______________________________

____

情境探究

张峰的苦恼：我不想“out”

七年级的张峰最近很苦恼，班上的男生带了一些游戏卡回学校玩，并有时三五成群地聚在一起讨论一些潮流话题，例如网络游戏的攻略、球星的鞋子、娱乐明星的发型和穿着等。这时他总会很尴尬，因为他平时没有多少时间去关注这方面的信息，所以在别人热烈讨论时常常搭不上话，有些同学甚至直截了当地说他太“out”了。于是，每个周末他都刻意地上网浏览这些方面的信息，当有同学约他一起去网吧玩网络游戏时，他有些心动了。

小组讨论

1. 对待游戏，怎样做才不算“out”？请给张峰一些建议。
2. 面对一些潮流文化，我们应该如何面对和选择？

“世界咖啡”成果分享

我的想法：

1. ______________________________

____

2. ______________________________

____

小组讨论的成果：

1. ______________________________

____

2. ______________________________

____

幸福探秘

心理测试

你到底要什么

先拿出一张白纸，洁白无瑕，没有格子，没有折痕，没有因在上页纸用笔过力而留下的任何印迹，平展得好似镜子。再准备一支黑色的签字笔，实在找不到黑色的，蓝色也行。注意，不要用红色的，太鲜艳的颜色，容易让人有触目惊心之感。

做游戏的时候，最好放松。放松使人平缓下来，使身心从外在的世界抽离，用思维的板擦把大脑刷洗成虚位以待的空白，等待着深层意识的浮起。

准备好后，在白纸顶端，一笔一画，写下“×××的五样”。这个×××就是你的名字。这个名字代表的不是别人，就是你自己。它代表着你的身体，你的记忆，你的爱好和你的希望。总之，它就是你的一切。此刻，天地万物都暂时不存在了，只剩下你的名字和你的心在一起。

现在，请你用黑色的笔在雪白的纸上，飞快地写下你生命中最重要的五样东西。

这五样东西，可以是具体的物体，比如食物、水或钱；也可以是人和动物，比如父母、儿女、妻子、丈夫或狗；可以是爱好和习惯，比如旅游、音乐或吃素；也可以是精神的追求或抽象的事物，比如宗教或理想，祖国或哲学。总之，你尽可以天马行空地想象，只要把你内心最珍贵的五样东西写出来就是了。

糟糕！你的生活中出了一点意外。到底是什么呢？我无法说得更详细、更清楚。人生的曲折小径，有很多意外潜伏在那里，好像凶恶的强盗，要你留下“买路钱”。你要付出代价和牺牲，你可以悲伤和愤慨，但更重要的是，你还要继续向前。怎么办？生命中最宝贵的五样，保不住了，你要舍去一样。请你拿起笔，把五样之中的某一样抹去。注意，不是在那样东西旁边打上一个“×”，保留着它的基本形态；或是说，抹去后你还可以透过稀疏的遮挡看清它。丧失绝非如此仁慈。你要用黑墨水，将这样东西缓缓地，但是毫不留情地涂掉，或者用刀子将它剜掉，直到它在洁白的纸上成为一个墨斑或黑洞，再也无法辨识。

你的纸上剩下了四样宝贵的东西，还有一个黑洞。此刻，生活又发生了重大变故，来得更凶猛急迫，你保不住你的四样了，必须再放弃一样。

白纸上，还有三个选项和两个已经看不出名堂的黑斑或黑洞。只有你知道，黑斑或黑洞里埋葬的是什么。生命进程中，你又遇到了险恶挑战。这一次，你又要放弃一样宝贵的东西了。

这毕竟只是一个游戏，无论你的选择多么伤感，终究还不是现实中的血肉横飞。命运本身的征伐之烈，比最富想象力的游戏更要丰富百倍。让咱们一竿子插到底。是的，你的生活滑到了前所未有的低谷，你必须做出你一生中最艰难也是最果决的选择。你只能留下一样，其余全部放弃。

你最想要的是什么呢？

幸福秘籍

要做到不后悔自己的选择，我们心里首先要明白自己所追求的价值是什么，应该坚持的信仰是什么。上面的心理测试已经让我们明确自己内心最需要的东西，我们再做出选择时就容易得多了。

我们唯有把思维引导到负责逻辑理性的左脑区域中，才能廓清真实的想法，也才能用冷静客观的视角去审视事情的全貌。而且，右脑的感性思维需要左脑理性的引导，才能更加清晰和真实，也才能对自己更具有说服力。接下来，我们一起学习一个心理学技巧。

步骤一：找一张A4大小的白纸，在白纸的一面列举出“选择A的好处”，在另一面列举出“不选择A的好处”（注意：是“不选择A的好处”，而不是“选择A的坏处”。这两种心理的情绪和视角是不一样的，因为即使你选择了A，事后也不会一直盯着选择它的坏处去看、去追悔）。另外，所列举出的事项必须越细越好，哪怕只是一个微不足道的好处，都足以表明内心的真实想法。

步骤二：另外找一张A4大小的白纸，在一面列举出“选择B的好处”，在另一面列举出“不选择B的好处”。

当把A、B两方的事实都陈述在纸上之后，还不待细细的检阅，你可能就已经找出答案来了！

做了决定之后，如果事后后悔了，就把当时分析的两张白纸黑字拿出来重新温习一遍，审视并重温当时的心路历程，一方面坚定所做的决定，另一方面理解并原谅自己所做的决定。然后，把目光聚焦在选择它的好处上，勇敢并快乐地去享受它所带来的种种好处！

幸福对话

幸福导师寄语

◇敢于选择

成长路上，面对责任、压力、坎坷和困难，我们要敢于选择，勇于担当，而不是害怕退缩、选择逃避。只有敢于选择责任和困难，我们才能得到磨砺和锻炼，才能自我发现、自我发展。逃避是健康成长的绊脚石，越逃避就越躲不开失败的命运，越敢于迎头而上就越能品到成功的甘甜。

◇幸福选择

选择需要以价值观为导向，以道德和法律为尺度。面对纷繁复杂的社会现象，面对瞬息万变的社会发展，面对扑面而来的社会流行，面对形色各异的观点和行为，面对成长路上的各种诱惑，我们应该坚持正确的价值观，把爱国、诚信、友善等核心价值观放在心中，以道德和法律作为尺度衡量，保持清醒的头脑，分清鲜花和毒草，不人云亦云，不随波逐流。

选择需要权衡利弊和轻重，懂得放弃。人生路上，我们需要做出的决定很多，每个分岔路口我们只能选择一条道路，在路口徘徊得越久，心就越不安定。鱼与熊掌不可兼得，我们要对自己的选择进行分析，看清不同的选择所带来的行为后果。在分析利弊、衡量轻重以后，选择更有意义、更主要的，放弃意义不大的、次要的。

选择需要结合自身情况和特点，扬长避短。选择不能一厢情愿、好高骛远、脱离实际，否则这种选择只能徒增烦恼、虚度光阴，甚至产生挫败感、怀疑自己的能力，进而影响目标的实现。适合自己的才是最好的，所以选择有赖于对自己真实而全面的了解，根据自身的性格特点、兴趣爱好、特长优势、家庭情况等做出符合自己实际的选择。

◇无悔选择

一种选择，注定了一种失去，也注定着另一种得到。既然已经做出选择，我们就要调整好心态，为自己的选择而努力奋斗，感受自己走过的路，欣赏路上的风景，这样我们就会有所收获。不要患得患失，为错过的风景而叹息后悔。我们放弃了安逸和享受，选择了奋斗和清苦，就要相信奋斗和清苦的价值；我们放弃了私心和私利，选择了使命和担当，就要相信使命和担当的意义。

我的幸福感悟

幸福拓展

每个人的人生路上都会面临许多选择，请你做一名小记者，在你的老师、父母、长辈或者其他社会人士中选择一人作为采访对象，了解他们人生某一次选择的过程，并谈谈采访后的感悟。

采访对象	
采访问题	1. 您的经历中，对您影响最大的一次选择是什么？ 2. 您当时为什么做出这样的选择？
采访简要记录	
采访对象签名	
你的感悟	

第三章 找准平衡得幸福

你被以下问题困扰过吗：时间不够用，没时间玩；考试前缺乏信心，精神紧张，睡不好觉；考试成绩不理想，怕父母、老师责怪……如果你曾受这些问题困扰，请翻开这一章，我们一起来学习平衡的智慧，在平衡中寻找幸福吧！

第一节 释放压力 平和心态

幸福起航

分享探究

小猪爆发的秘密

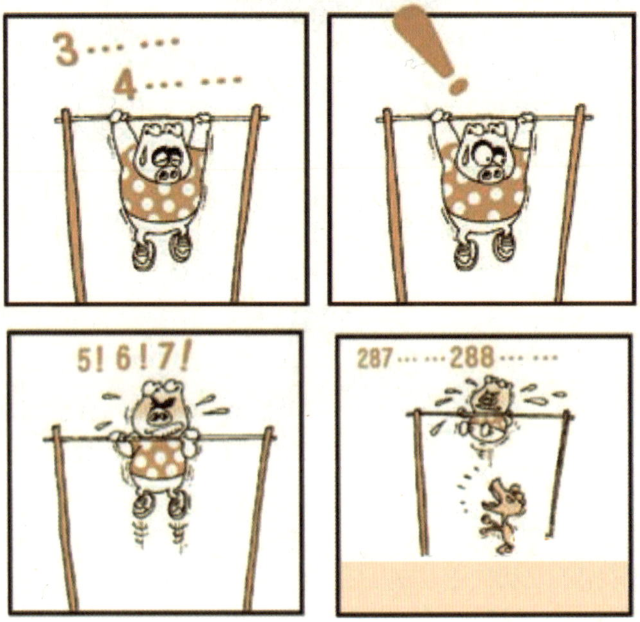

思考：小猪的压力来自于什么？压力对它带来怎样的影响？

一杯水的重量

有一位讲师正在给学生们上课，他拿起一杯水问："大家认为这杯水有多重？"有人说200克，也有人说300克。"是的，它只有200克。那么，你们可以将这杯水端在手中多久？"讲师又问。很多人都笑了：200

克而已，拿多久又会怎么样？

讲师没有笑，他接着说：“拿一分钟，各位一定觉得没问题；拿一个小时，可能觉得手酸；拿一天呢？一个星期呢？那可能得叫救护车了。”大家又笑了，不过这回是赞同的笑。

思考：你认为讲师会说些什么？

讲师继续说道：……………………………………………………………………

……………………………………………………………………………………

……………………………………………………………………………………

幸福咖啡

故事探究

狐狸与葡萄

在一位农夫的果园里，紫红色的葡萄挂满了枝头，令人垂涎欲滴。这种美味当然逃不过安营扎寨在附近的狐狸们的觊觎，它们早就想享受一下了。可是葡萄架很高，它们够不着。

第一只狐狸来到了葡萄架下，想了一会儿，它发现了葡萄架旁边的梯子，回想农夫曾经用过它。因此，它也学着农夫的样子爬上去，顺利地摘到了葡萄……

小组讨论

1. 请发挥想象，续写故事：其他狐狸面对高高的葡萄架，可能出现怎样的行为和心态？会产生怎样的影响？

2. 这对我们面对压力有什么启示？

“世界咖啡”成果分享

我的想法：

1. ____

____

2. ____

____

小组讨论的成果：

1. ____

____

2. ____

____

情境探究

紧张不安的李丽

李丽平时学习刻苦努力，学习成绩一直很好，但心理压力十分沉重。她说：“进入初中后，学校的要求高了，家庭的期望大了，我几乎把所有的时间和精力用在学习上，也取得了较好的成绩，但平时没时间和同学交往，感觉没有什么知心好友。”在一次考试中她意外失手，成绩掉到班上中等偏下的位置。她感觉好像有些同学在背后议论她，她更渴望证明自己。但是一到考试前就缺乏信心，精神紧张，睡不好觉，上课也提不起精神来。

小组讨论

1. 李丽的压力源自哪里？
2. 李丽该如何调整心态，面对压力？

“世界咖啡”成果分享

我的想法：

1. ____

____

2. ____

____

小组讨论的成果：

1. ____

____

2. ____

____

幸福探秘

心理测试

你的压力强度大吗？以下是学生压力指数测量表，快快测量一下吧！

1．觉得时间不够用，所以要分秒必争。例如过马路很想闯红灯，走路和说话的节奏很快。

（1）从未发生　　（2）偶尔发生　　（3）经常发生

2. 觉得没有时间娱乐和运动，终日挂念着学习。

(1) 从未发生 (2) 偶尔发生 (3) 经常发生

3. 遇到挫折就会发脾气。

(1) 从未发生 (2) 偶尔发生 (3) 经常发生

4. 担心别人对自己学习表现的评价。

(1) 从未发生 (2) 偶尔发生 (3) 经常发生

5. 觉得老师和家人都不欣赏自己。

(1) 从未发生 (2) 偶尔发生 (3) 经常发生

6. 担心自己的经济状况。

(1) 从未发生 (2) 偶尔发生 (3) 经常发生

7. 有头痛、胃痛或背痛等毛病，难以治愈。

(1) 从未发生 (2) 偶尔发生 (3) 经常发生

8. 需要借药物、零食等抑制不安的情绪。

(1) 从未发生 (2) 偶尔发生 (3) 经常发生

9. 需要借助药物去协助入睡。

(1) 从未发生 (2) 偶尔发生 (3) 经常发生

10. 与家人、朋友或同学的相处令你感到不舒服。

(1) 从未发生 (2) 偶尔发生 (3) 经常发生

11. 与人聊天时，总是打断对方的话。

(1) 从未发生 (2) 偶尔发生 (3) 经常发生

12. 躺在床上后觉得思潮起伏，很多事情牵挂，难以入睡。

(1) 从未发生 (2) 偶尔发生 (3) 经常发生

13. 太多学习任务，不能每件事做到尽善尽美。

(1) 从未发生 (2) 偶尔发生 (3) 经常发生

14. 空闲时轻松一下也觉得内疚。

(1) 从未发生 (2) 偶尔发生 (3) 经常发生

15. 做事急躁、任性，事后感到后悔。

(1) 从未发生　　(2) 偶尔发生　　(3) 经常发生

16. 觉得自己不应该享乐，而要每时每刻学习。

(1) 从未发生　　(2) 偶尔发生　　(3) 经常发生

17. 觉得手头功课太多无法应付。

(1) 从未发生　　(2) 偶尔发生　　(3) 经常发生

从（1）到（3）分别代表1～3分，统计你所有问题所得的分数。

0～17分：精神压力程度低，但可能预示生活缺乏刺激，比较简单沉闷，个人做事的动力不高。

17～34分：精神压力程度适中，虽然某些时候感觉压力较大，但仍可应付。

34～51分：精神压力偏高，应反省一下压力来源并尽快寻求解决办法。

幸福秘籍

面对压力，思维的转变是很重要的。很多人苦恼于压力的困扰，其实有很多烦恼是我们自身的一些错误想法造成的。

以下5个步骤，能帮助我们把处于压力的心态，转变得积极进取，从而制定清晰的行动目标和途径。下面以案例“我学习成绩不好”进行分析。

①困境：我做不到×

“我学习成绩不好”是负面描述，虽指代此刻为止我成绩不好，但因为没有时间指标，说出来就像是一句永恒的真理一般。也正是在我们的大脑里形成这样的效果，使得我们无法做出突破。

②改写：到现在为止，我尚未能做到×。

为事情画清楚时间指标：那只是到现在为止学习成绩不好，只是过去的事，未来仍大有可为，在潜意识指出这事情是可以转变的。（但仍是负面描述。）

③因果：因为过去我不懂得________，所以到现在为止，尚未能做到×。

找出导致出现困境的原因，例如“学习方法不对”“不够勤奋”等，所以现在自己应该有所行动。注意一句已变为两句，但都还是负面描述。

④假设：当我学懂________，我便能做到×。

“当我改变学习方法”“更加勤奋”仍是③的两句，只不过是把负面描述改为正面，把连接词“因为”改为“当”。“当”比“如果”好，因为“如果”包含做不到的可能，而“当”字则暗示可以做得到。

⑤未来：我要去________，我将会做到×。

“未来：我要去找老师和学习成绩优秀的同学，请他们介绍经验，并且珍惜时间、勤奋起来，我的成绩将会好起来。”

这样不单有目标，而且有清晰可行且能达到目标的途径。通过5个步骤的思维转变，我们将恢复到正常的“自己控制自己的人生”的状态了。

幸福对话

幸福导师寄语

中学生有一定的心理压力是正常的，但是如果长久地承受巨大的心理压力，容易影响心理健康。因此我们应采取积极的态度、有效的方法，努力缓解压力，保持心态的平衡。

学会自我排解。采取不影响他人的方式，将内心的消极情绪发泄出来，然后重新投入学习和生活。比如遇到十分伤心的事，索性大哭一场，将郁闷发泄出来，感觉就会好受一些。

找人倾诉烦恼。面对压力有了困惑、痛苦等不良情绪，可以找亲朋好友或同学倾诉，听听别人的见解，通过交流能有效地缓解心理压力。

转移消解压力。在一件事情上失败，短期内又无法改变时，可以通过其他活动来弥补不能实现的愿望，转移注意力。如参加文体娱乐活动，使自己获得愉快的心情，压力就会逐渐消解。

不作过分苛求。每个人都有自己的长处和短处，如果要求自己十全十美，甚至以己之短比人之长，必然压力重重。我们应该建立悦纳自己的健康人生态度，树立适度的奋斗目标。

做好计划安排。一个人同时面对多件事情时，容易形成巨大的压力。我们要学会有计划、有步骤地安排自己的学习生活，减少不必要的心理负担，以免弄得身心疲惫不堪。

积极面对现实。遇到打击时，与其沉浸于痛苦中不能自拔，不如勇敢地承认现实，积极寻找对策，或许会“柳暗花明又一村”，取得满意的效果。

减压小妙招

◆ 幽默减压：可利用空闲时间阅读一些幽默文章，漫画等，让自己大笑不止，最终达到减轻压力的目的。

◆ 运动：有氧运动，例如慢跑、打羽毛球、游泳、跳舞等。低强度运动，例如散步、打扫屋子等。

◆ 听音乐：听听自己喜欢的音乐，最好选择柔和一点的音乐。

◆ 深呼吸：采用“吸—停（屏气10—20秒）—呼”的呼吸形式，吸气要深、满，吐气要慢、匀。

◆ 合理宣泄及转移法：哭泣，向朋友、亲人、心理专业人士倾诉，写日记，做自己喜欢的事情。

◆ 洗澡、睡觉减压：充足的睡眠更有利于调整情绪和压力，洗热水澡也能达到身心放松的目的。

◆ 营养减压：多吃B族维生素含量较多的食物（如深色蔬菜、低脂牛奶、豆浆、蛋、番茄等）以及富含维生素C的食物（如菠菜、花菜、芝麻、水果等）。

我的幸福感悟

幸福拓展

拓展一：电影分享

推荐电影：《风雨哈佛路》

内容简介：一位生长在纽约的女孩莉斯（Liz）历经人生的艰辛和辛酸，凭借自己的努力，最终走进了最高学府。

感悟：（1）莉斯面对哪些压力？

（2）莉斯的奋斗历程给我们怎样的启示？

拓展二：阅读感悟

推荐书籍：《开启花季智慧科普丛书：结晶的钻石（面对压力）》

内容简介：本书为青少年的人格修养、品格塑造、人生道路提供一些有益的建议和指导，使青少年尽可能地有所收获，少走弯路，更加顺利和健康地成长。

第二节 正视成绩 寻找价值

幸福起航

一个印记鲜明的巴掌，一个爱意满满的吻，分数成了家长喜怒的晴雨表，牵动着无数中国考生的心。“考考考，老师的法宝；分分分，学生的命根。”对于我们来讲，学习成绩的重要性不言而喻。在中考和高考成为“指挥棒”的现实教育环境中，无论是父母还是我们都比较关注学习成绩。尽管国家推行素质教育，强调人才的全面发展，多方面关注学生的成长，但是依然有很多同学认为成绩是学习生活中衡量幸福的唯一标准。

幸福咖啡

案例探究

四川男生高考后失联留言称自杀　3天后遗体被发现

2016年6日11日上午11时26分，四川达州蓝天救援队渠县分队的志愿者接到救援电话得知，高三毕业生小斯突然失踪，并在QQ空间里留下一条“说说”，透露出轻生想法，这让父母十分着急。13日上午9点，蓝天救

援队杨队长接到了公安局电话称，在渠江河面上发现一具尸体，他们赶到现场，确认是小斯后通知了小斯的父母。

据媒体公开报道，在这之前的6月7日，内蒙古一名女生在考完高考第一门考试后坠楼身亡；4月27日，青岛一女生因高考压力过大，连吞十多片安眠药自杀未遂。高考前后，关于考生自杀的报道不绝于耳，让我们不禁想问，这些正值花样年华的莘莘学子究竟出了什么问题？

小组讨论

1. 想一想，为什么那么多高考失利的学生会选择轻生？

2. 在学习生活中，你是否会把学习成绩放在很重要的位置？学习成绩跟你的幸福感有怎样的联系呢？

“世界咖啡”成果分享

我的想法：

1. ______________________________

____

2. ______________________________

____

小组讨论的成果：

1. ______________________________

____

2. ______________________________

____

故事探究

真正的教育是发掘第一名吗

我们都听说过这么一个故事。

一个老师问全班同学："同学们，世界上最高的山峰是哪座山峰？"

大家异口同声："珠穆朗玛峰！"

老师听完后，满意地点点头，然后立刻问："那第二高的山峰呢？"

全班哑口无言，鸦雀无声。老师笑笑说："你们看到了吗？这个故事告诉我们，每一个人在任何比赛和考试中，都要去争夺第一名，因为第二名永远没人记得。"

故事讲完了，你觉得励志吗？然而——

2016年8月，里约奥运会400米自由泳比赛中，孙杨以0.13秒之差败给澳大利亚选手霍顿，获得银牌。瞬间，媒体报道铺天盖地袭来，所有的标题都在讲述一件事：孙杨失去了金牌。这些年，我们用第一名和金牌绑架了多少运动员。每一场比赛都去争夺金牌，每一场考试都去争夺第一名，第一真的那么重要吗？

小组讨论

1. 你如何看待铺天盖地的"孙杨失去了金牌"的报道？

2. 你是否同意"第二名永远没人记得"的观点？你是否觉得每一场比赛、每一场考试都必须要争夺第一？

3. 你觉得成绩是影响幸福感最重要的因素吗？为什么？如果不是，还有哪些因素会影响你的幸福感？

“世界咖啡”成果分享

我的想法：

1. ____

____

2. ____

____

3. ____

____

小组讨论的成果：

1. ____

____

2. ____

____

3. ____

____

心理测试

你是否有良好的应试心理

下面有25道题，每道题有3个备选项，请根据自己的实际情况选择，每题只能选择一种结果。（ A.较符合自己的情况；B.难回答；C.不符合自己的情况 ）

1. 在重要考试的前几天，我就开始坐立不安了。 A　B　C
2. 考前一周，我每天早上都会吃饭而且早餐很有营养。 A　B　C
3. 在考试前，我总感到苦恼。 A　B　C
4. 在考试前，我感到烦躁，脾气变坏。 A　B　C
5. 在紧张的复习期间，我常会想：这次考试要是考砸了，怎么办？ A　B　C
6. 越临近考试，上课时我的注意力就越难集中。 A　B　C
7. 一想到马上就要考试了，参加任何文娱活动都感到没劲。 A　B　C
8. 在考试前，我常做关于考试的梦。 A　B　C
9. 到了考试那天，我就不安起来。 A　B　C
10. 当听到考试开始的铃声响了，我的心马上紧张地急跳起来。 A　B　C
11. 遇到重要考试，我的脑子就变得比平时迟钝。 A　B　C
12. 考试题目越多、越难，我就越感到不安。 A　B　C
13. 一遇到很难的考试，我就担心自己会不及格。 A　B　C
14. 在紧张的考试中，我却会想些与考试无关的事情，无法集中注意力。 A　B　C
15. 在考试时，我会紧张得连平时记得滚瓜烂熟的知识都一点也回忆不起来。 A　B　C
16. 考试中，我想上厕所的念头比平时多。 A　B　C
17. 我对考试十分厌烦。 A　B　C
18. 在考试时，我紧张得手发僵，写字不流畅。 A　B　C
19. 考试时，我经常会看错题目。 A　B　C
20. 在进行重要的考试时，我的头就会痛起来。 A　B　C
21. 发现剩下的时间来不及做完考题，我就急得手足无措，浑身大汗。 A　B　C

22. 如果我考个不满意的分数，就不想看卷子。 A B C

23. 在考试后，经常发现有的题目自己虽然懂却没答对。 A B C

24. 在考试中，有时我会沉迷在空想之中，一时忘了自己是在考试。 A B C

25. 我认为要是不进行考试，我就能学到更多的知识。 A B C

选A，分值为2；选B，分值为1；选C，分值为0。回答后计分。

分值>35分，说明你的应试心理素质比较差，非常看重学习成绩。

分值20～35分，说明你的应试心理素质一般，比较看重学习成绩。

分值<20分，说明你有良好的应试心理素质，能够正确看待学习成绩。

幸福秘籍

心理学上的ABC理论

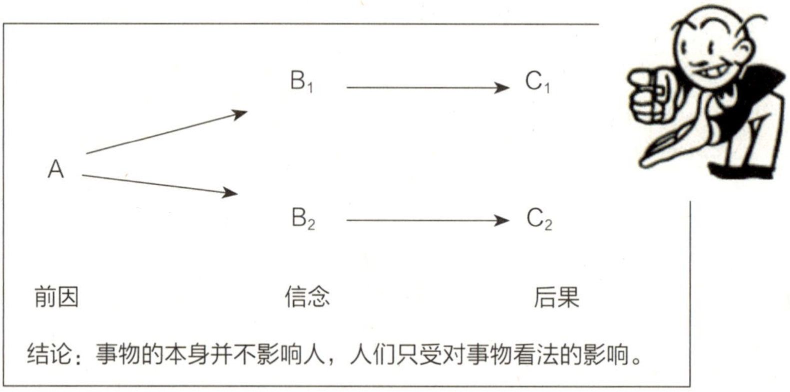

情绪ABC理论是由美国心理学家埃利斯创建的。该理论认为激发事件A（activating event的首字母）只是引发情绪和行为后果C（consequence的首字母）的间接原因，而引起C的直接原因则是个体对激发事件A的认知和评价而产生的信念B（belief的首字母），即人的消极情绪和行为障碍结果（C），不是由于某一激发事件（A）直接引发的，而是由于经受这

一事件的个体对它不正确的认知和评价所产生的错误信念（B）所直接引起。简而言之，ABC理论指情绪不是由一诱发性事件本身所引起的，而是由经历了这一事件的个体对这一事件的解释和评价所引起的。

由此可得，学习成绩是否会影响幸福感不是由学习成绩这件事本身所引起的，而是由主体如何看待学习成绩引起的。你如何看待学习成绩的重要性会直接影响到你的幸福感。

阅读上文，你有什么启发？

……………………………………………………………………………………

……………………………………………………………………………………

……………………………………………………………………………………

幸福对话

幸福导师寄语

学习过程中，首先要有好的心态，要因为想学而学，切不可心畏之恶之却因无奈而学。其实，人的一生，都是一个不断学习不断完善的过程，正所谓“活到老，学到老”。只有在发自内心深处的想学而学的精神驱使下去学习、去追求、去探索，才会有相伴而生的幸福感和满足感，才会发现原来学习也是生活中的一种美好。

国际知名的心理学家奚恺元教授指出，我们学习的最终目标不是最大化绝对成绩，而是最大化我们在获得成绩历程中收获的点滴幸福。

那么除绝对成绩外，还有哪些因素影响学生的幸福感呢？

时间上的纵向比较和人际之间的横向比较可以给学生带来幸福感。比如一位学生最近在一次考试中取得了前所未有的好成绩，他觉得特别开心。但实际上，他的幸福感只有很少一部分是因为他这次取得的成绩给他带来的，更多的是因为比较而产生的。从时间上的纵向比较来说，如果他以前的成绩一直处于班级中下游水平，那么现在取得的好成绩就会使他感到快乐幸福。而如果他以前的成绩一直是很优秀的，那么他也就不会对这次的好成绩有过多的感觉。

快乐的另外一个源泉是脉冲式的变化所带来的。如果一个学生一直成绩优秀而没有什么变化，他是不会比其他同学幸福快乐的。也就是说，好成绩并不是快乐的重要因素。而当一个学生学习成绩并不是太高，但是他时不时地会有一些起伏变化，比如体育比赛获奖、做好事受表扬等，这些脉冲式的快乐就能使人感到更加幸福。

“学习的终极目标是幸福的最大化”的理论，为我们打开了一扇新的窗户。绝对分数的鸿沟无法填平，而幸福感却可以被每一个学生拥有。

学生最终追求的是学习的快乐，而不是有更好的成绩。因为，从“效用最大化”出发，对人本身最大效用的不是成绩、分数，而是学习的快乐本身。

冰心老人说：“生命中不是永远快乐，也不是永远痛苦，快乐与痛苦是相辅相成的。在快乐中，我们要感谢生命，在痛苦中，我们也要感谢生命。因为快乐、兴奋、痛苦又何尝不是美丽呢？”

幸福箴言

傅园慧：这就是20岁应有的样子

眼瞧着，也是“二”开头的人了。十八岁生日那年正在人生的黑暗期，对整个世界充满失望与绝望。就这么莫名其妙地过来了，也没觉得自己长大或者做了什么选择。现在有点不一样了，我独自努力坚持着度过了最困难的时候，从中学会了感恩、宽容、坚韧与善良，最重要的是不要放弃自己。因为当你跨过这条鸿沟，走过这片黑暗，必将浴火重生。

这时候整个世界都是新的，你眼前的每个事物都变得不一样。我体会到每个对我好的人对我的爱，我明白当缘分流失，他们离去便再也不会回来。所以要好好珍惜身边对你好的人，不要辜负他们。

以前总是会责怪埋怨：为什么要这样，凭什么要那样，他（她）一定是个坏人。现在发现，每个人都有自己的痛苦，每个人都很不容易，我们根本没有资格去责怪任何一个人。你不是他（她），你怎么知道站在他（她）的位置能不能做得更好呢？

每个人都有自己优秀的一面，每个人都有值得称赞的地方。当你眼中充满世界的美好，那你也是美好的。

我已经在这个世界上度过了二十年，我在寻找生命的意义，和对这个世界的态度——只是属于我的，独一无二的。明白了我为什么而活，想要什么样的生活。很简单，快乐、爱心、感恩。这就是我想要的。

优秀不优秀，其实并没有什么关系。只要过程竭尽全力，能够问心无愧，结局怎么样，我也已经不在乎了。

有很多人告诉我，你现在是个大姑娘了，要文静一点。是啊，按照正常的轨迹，确实是应该这样。但是我不愿意，一辈子才短短数十载，总会不可避免地遇到很多挫折和伤心、不如意的事情。如果我在明明心情大好，想要爆笑几声分享一下我的快乐的时候，却要抿紧嘴唇、笑不露齿，矫揉造作地踩着小碎步。那我表示，人生没有意义了。在找男朋友的时候更是，如果装成另外一个样子，那他喜欢的就不是我。

人生那么短暂，当运动员的生涯更短。想笑就笑吧，想哭就哭吧。没有那么多人在看着你，不用给自己那么多压力和束缚。哪怕你变成了天仙美少女，看你不顺眼的人还是觉得你是坨“粑粑”。所以有什么关系呢，就算真的是坨“粑粑”也要快乐地臭着，做自己永远是最开心的。

我再次声明，我不是个“逗逼”，我是个哲学家，我只是比较快乐而已。人，都应该为自己而活，活出自己的风格与热度。不要再委曲求全了，去做个咆哮的“小园园”吧。虽然看着狰狞了点，可是毕竟开心呐！

我的幸福感悟

幸福拓展

拓展一：美文欣赏

高考作文

阅读下面的漫画材料，根据要求写一篇不少于800字的文章。

结合材料的内容和语义，选好角度，确定立意，明确问题，自拟标题。

写给妈妈的一封信

妈妈：

你送我到学校门口，我顺着人流走进考场，没有回望，我能够想象你眼神里复杂的情绪，我想我还是走得淡定一点吧。

可是眼前的漫画却让我思绪翻滚。

一个孩子第一次考试100分，脸上一个吻印，第二次考了98分，脸上一个掌痕；另一个孩子第一次考试55分，脸上一个掌痕，第二次考试61分，脸上一个吻印。

我想的是，第三次呢？第四次呢？只要分数有波动，孩子的待遇就有波动。按通常的定义，第一个小孩是优等生吧，第二个算是很普通的学生吧，可是全都生活在被分数控制的世界里，悲喜交替，无处可逃。

我有些不安，妈妈，那个对孩子又打又亲的人是谁呢？她可能是你吗？她正是你对吧？求学十二年，你没少亲我，也没少骂我，有时甚至“啪啪啪”！你引用我老师的话说要我“成为优质的做题机器”，可是我的老师总会接着说“更要成为优秀的人”啊。

妈妈，你似乎想得简单了些，在陪伴我的路上，你的眼里似乎只有我的分数，仿佛那就是我整个人的价值体现。是的，我从小就会读书，会考试，是你昂首挺立、笑傲江湖的“资本”；是的，我知道好成绩的意义，它会让我更受宠爱和欣赏，它会让你更有成就感和尊严，它会改写我们家的处境和命运，它会让我更便捷地获得人世间物质和精神的享受……诸如此类。可是长大后目睹你因此而生的悲喜，我常常觉得一切是那么遥远。你呢？你有没有发现我越来越长的睫毛下，有更多的委屈？有没有发现我越走越快的脚步里，有更多的趔趄？你可知道，我会夜半无言独上西楼，看月色如钩？你可知道，我会断鸿声里，栏杆拍遍，叹“无人会，登临意”？有时候竟至怒发冲冠，仰天长啸？甚或“长太息兮以掩涕兮，哀民生之多艰”？

你一直告诉我，你爱我如命。所以我听话，我听你的话，不问他事，不贪享乐，不玩手机，不打排球，不弹我喜欢的吉他，不看我爱的武侠……我力求考得高一点，再高一点，可是卷面有难有易，精神有亢有颓，也有失误比别人考得低的时候，还有命运捉弄人的时候。记得八年级下学期期中考数学，120分我考了86分，回家后告诉你，你脸色立变。不只是你，我爸他让我跪下思过，我不跪他就一个巴掌甩过来，我一下趴到地上。那夜我跪了两个小时，可是第二天老师告诉你说少加了我30分，加上我还是全年级第一，回到家你一把搂过我亲了又亲，可是我小小的心冰冰凉凉的。妈妈，我无法承受，这是我生命中无法承受之重，你知道吗？

我曾试着与你们沟通，可是无效；我羡慕我的同桌李某某，他成绩平平，可是说起父母却眉飞色舞。我更羡慕那些书里知道的大师和他们的孩子：鲁迅让他的儿子周海婴“完全的解放”，“顺其自然，极力不多给他打击，甚或不拂逆他的喜爱”；梁启超对他的女儿说“未能立进大学有什么要紧”，说“天下事尽自己力量去做便是天下第一等人物”；梁培宽追忆父亲梁漱溟时说，父亲的教育是“信任且开放式的”，有一次他考了59分，他拿着补考通知书给父亲看，父亲只一眼就还给儿子，那意思是“自己的事情自己负责”……这些小孩受了信任与激励，后来都有了出息。妈妈，你可知道我羡慕他们？

三个月前，百日誓师之后，一天下午放学，学校广播里传来朴树的歌：“当你仍然还在幻想／你的明天，它会好吗？还是更烂／对我而言，是另一天／我曾经毁了我的一切，只想永远地离开／我曾经堕入无边黑暗，想挣扎无法自拔／我曾经像你像他像那野草野花／绝望着渴望着，也哭也笑也平凡着……”我越走越慢，走到校门口突然泪奔，那天我索性在湖边哭得昏天黑地，哭完我安静地回到教室晚自习。妈妈，这是你不知道的。

有人抨击当代中国教育，说是天才教育，而所谓天才教育结果多半不是把一个普通资质的人培养成了天才，而是把他扭曲成了高不成低不就的畸形儿。我自问我尚不是畸形儿，妈妈，我为此感到庆幸。可是令我不安的是，我一样被卷在了这样的教育里，我不知道的是我的明天，它会好吗？我们的明天，它会好吗？

妈妈，我仍然愿意考一个高一点的分数，用它来回报你。不过，明天之后，不管我考了多少分，希望你和爸爸都能高高兴兴地庆祝我高中毕业了，好吗？

您永远的女儿：×××
2016年6月7日于考场

拓展二：电影分享

推荐电影：《放牛班的春天》

内容简介：1949年的法国乡村，音乐家克莱门特到了一间外号叫“塘怟”的男子寄宿学校当助理教师。学校里的学生大部分都是难缠的问题儿童，体罚在这里司空见惯，学校的校长只顾自己的前途，残暴高压。性格沉静的克莱门特尝试用自己的方法改善这种状况，他重新创作音乐作品，组织合唱团，决定用音乐的方法来打开学生们封闭的心灵。

推荐电影：《叫我第一名》

内容简介：本片改编自布莱德·科恩与丽莎·维索基合著的同名书籍。主人公因患有先天性妥瑞氏综合征，生活备受折磨。但是他始终乐观向上，默默努力，最终成为一位出色的老师，同时也找到了属于自己的爱情。

第三节 学习玩耍 孰轻孰重

幸福起航

古语云：少壮不努力，老大徒伤悲。但有人说：爱玩的人更爱生活，爱玩的人更懂得享受生活。学生时代的我们，在学与玩的“纠结”中，该如何处理呢？

幸福咖啡

案例探究

“玩”出我人生

在“英雄联盟”游戏圈，没有人没听过玩家“诺夏”的大名，“诺夏”的真实名字叫胡振威。作为国内顶尖电竞俱乐部的职业选手，他放弃了学业，专攻竞技游戏。现在的生活就是住在一栋别墅里，什么都不用操心，每天要做的事情就是玩游戏，拿着让白领都羡慕的薪水，并且每年还有很多次机会飞往世界各地比赛。

你羡慕了吗？爱玩电脑游戏的你是否正为说服父母找到了一个有力证据而窃窃自喜呢，更甚者是否准备休学跟随胡振威的脚步梦想成为一名职业玩家呢？

但是你知道吗？到目前为止，这只是一条少数人才能登顶的路。目前国内 FOTA2 玩家700万人，其中只有50人能够进入职业战队，而能获得巨额奖金的，更是少之又少。

为了挤进这条路，胡振威付出了诸多努力。胡振威说他接触“英雄联盟”比较晚，但他善于学习，经常看国外高水平玩家的视频，然后专攻一个防线，技术进步迅速。一周七天，每天12个小时的高强度训练，新战术演练、团队磨合、模拟对手进行战术对抗。“以前只是娱乐，现在很认真，很努力。”

小组讨论

1. 胡振威在游戏中“玩”出自己的人生，单纯靠“玩”吗？
2. 你还能列举“玩”出自己人生的事例吗？
3. 从这些事例中，你得到什么启示？

“世界咖啡”成果分享

我的想法：

1. ______________________________

____

2. ______________________________

____

3. ______________________________

____

（续表）

小组讨论的成果：

1. ____

____

2. ____

____

3. ____

____

情境探究

时间真的不够用吗

升入初中后的同学们总觉得时间不够用。为了解决同学们的困惑，班会课上班主任老师给同学们做了一个实验。老师先是拿出了一个玻璃瓶，然后开始把大石块，装到玻璃瓶中，很快玻璃瓶中就填满了大石块。老师问同学：“同学们，这个瓶子已经满了吗？”同学开始交头接耳：“满了。”老师笑了一下，不语。然后把准备好的小石块，又慢慢地装入了玻璃瓶。很快，在原来大石块的细缝中，都填上了小石块。老师接着问了：“同学们现在这个瓶子满了吗？”同学们回答：“满了。”老师又笑了一下，不语。然后把准备好的细沙，又往瓶子里装。细沙很快就把小石块和大石头留下的缝隙给填满了。老师又问同学：“同学们，你们看这个瓶子已经装满了吗？”同学们这下开始左右讨论，想想这下应该满了。都回答说：“满了。”老师还是微笑，继续把准备好的水，倒入了瓶中。很快水就装满了这个瓶子。老师微笑地问同学：“同学们，这个瓶子装满了吗？”同学们很统一地回答说：“满了。”老师又往瓶子里装了一些酒精，酒精很快和水融合在了一起。这下真的满了。老师又拿出个空瓶子，先装进了水，但装了水之后，还能装入大石头、小石头和沙子吗？答案很显然，不能。

小组讨论

这个实验在时间管理方面对你有什么启发？

“世界咖啡”成果分享

我的想法：

____

____

小组讨论的成果：

____

____

幸福探秘

心理测试

你有拖延症吗——拖延商数测验

请据实选择以下每一个陈述中最切合你的答案：

1. 为了避免处理棘手的难题，我总是寻找理由和借口。

   A. 非常同意　　B. 基本同意　　C. 不同意　　D. 极不同意

2. 为使困难的工作能被执行，对执行者施加压力是必要的。

   A. 非常同意　　B. 基本同意　　C. 不同意　　D. 极不同意

3. 我经常采取折中的办法以避免或延缓不愉快的或困难的工作。

A. 非常同意　B. 基本同意　C. 不同意　D. 极不同意

4. 我遭遇了太多足以妨碍重大任务完成的干扰与危机。

A. 非常同意　B. 基本同意　C. 不同意　D. 极不同意

5. 当被迫从事一项不愉快的决策时，我避免直截了当的答复。

A. 非常同意　B. 基本同意　C. 不同意　D. 极不同意

6. 我对重要的行动计划的追踪工作一般不予理会。

A. 非常同意　B. 基本同意　C. 不同意　D. 极不同意

7. 试图令他人为管理者执行不愉快的工作。

A. 非常同意　B. 基本同意　C. 不同意　D. 极不同意

8. 我经常将重要工作安排在下午处理，或者携回家里，以便在夜晚或周末处理它。

A. 非常同意　B. 基本同意　C. 不同意　D. 极不同意

9. 我在过分疲劳（过分紧张、过分泄气、太受抑制）时，无法处理所面对的困难任务。

A. 非常同意　B. 基本同意　C. 不同意　D. 极不同意

10. 在着手处理一件艰难的任务之前，我喜欢清除桌上的每一个物件。

A. 非常同意　B. 基本同意　C. 不同意　D. 极不同意

"非常同意"评4分，"基本同意"评3分，"不同意"评2分，"极不同意"评1分。

总分小于20分，表示你没有拖延症，你也许偶尔有拖延的习惯。总分在21～30分之间，表示你有拖延的毛病，但不太严重。总分大于30分，表示你或许已有严重的拖延症。

幸福秘籍

两座山一条河，山分为南山、北山，河位居其中。有两个和尚分别在南山和北山上诵经，他们每天早上都会去中间的河边挑水，几年过去，他们成为了好朋友。有一次，南山的和尚突然发现北山的和尚好几天都没去挑水，他想，北山的和尚可能生病了，于是渡过河流来到北山看望自己的朋友。当南山的和尚找到北山的朋友后，发现他正在悠闲地打太极，于是感到非常诧异，上去询问个究竟。北山和尚回答道：“我每天挑完水后，都会抽出一段时间来挖井，经过我几年的努力，这口井终于出水了，所以我就再也不用下山挑水了。”

上面小故事中北山和尚就运用了“时间四象限”法（如右图）。“时间四象限”法是美国的管理学家科维提出的一个时间管理理论，把工作按照重要和紧急两个不同的程度进行划分，分为四个“象限”。按处理顺序划分：先是既紧急又重要的，接着是重要但不紧急的，再到紧急但不重要的，最后才是既不紧急也不重要的。四象限法的关键在于第二类和第三类的顺序问题，必须非常小心区分。

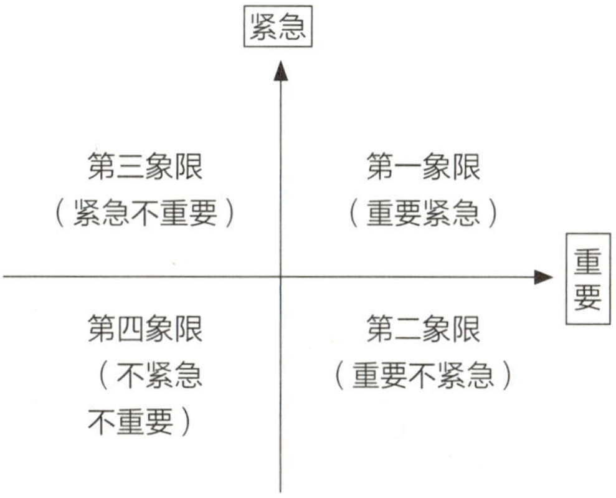

北山和尚的“打井”就是属于“重要不紧急”。北山和尚今天挖不挖井，从短期来看根本没有任何影响，可以找一大堆理由把今天该挖的井留到明天，但庆幸的是他知道这类“重要不紧急”事情的重要性，每天能抽时间做这类事情，量变达到质变，最终井出水了。

幸福对话

幸福导师寄语

也许你觉得现在学习有压力，玩得不尽兴。但其实干任何事情都需要有个度，玩也一样。真的让你撒开来玩的时候，玩的快感也就减弱了。就像吃饭，一大桌都是美味佳肴，你吃到撑破肚皮，你的味蕾也就没什么感觉了。通过学习拓展自己的知识面，开阔视野，使生活更加便利，工作更加轻松；玩是一种娱乐手段，是一种可以提高学习效率的方法。文武之道、一张一弛，这应该是对学习与玩最好的诠释。

我的幸福感悟

....

....

....

幸福拓展

推荐书籍：《高效能人士的七个习惯》

内容简介：这是当今最经典、最著名的一部培训教材；世界五百强企业必备培训课程。由奥巴马、克林顿、普京、李开复、汤姆·彼得斯、肯·布兰佳、世界领导力大师沃伦·本尼斯、世界潜能大师博恩·崔西、《一分钟经理》的肯·布兰佳、世界第一潜能专家安东尼·罗宾、华人成功学权威陈安之，《纽约时报》《福布斯》《财富》《商业周刊》《经济学人》《哈佛商业评论》鼎力推荐。

第四章 涵养品德修幸福

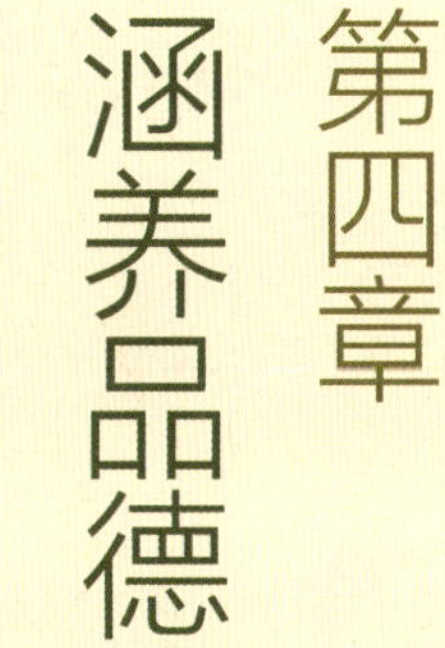

在影响幸福感的要素中，有的是无法改变的，比如基因；有的是可以改变的，比如自己的涵养。『好人有好报』，在幸福课中的理解是好人更容易得到自己的平静和满足，也就是幸福感。

第一节 懂得宽容多幸福

幸福起航

“我没有芦苇的纤弱，我只有绿叶的闪亮，我有了一片绿荫便可以展示灵魂的专长。”这是意大利诗人夸西莫多说过的。宽容地对待自己，对待他人，不为芦苇的纤弱计较，不因只是绿叶而心生烦恼。宽容地对待万事万物，你会发现，你与幸福只是一抬脚的距离。

幸福咖啡

情境探究

你会怎么做

小组讨论

1. 两图中的不同做法，哪种做法更容易赢得和谐的人际关系？

2. 你有与同学发生摩擦的时候吗？当时你是怎么处理的？你的人际关系如何？

3. 请你简要总结宽容和幸福之间的关系？

"世界咖啡"成果分享

我的想法：

1. ______________________________

____

2. ______________________________

____

3. ______________________________

____

小组讨论的成果：

1. ______________________________

____

2. ______________________________

____

3. ______________________________

____

案例探究

2015年1月8日，震惊全国的“复旦投毒案”经上海市高级人民法院终审维持原判：被告因故意杀人罪被判死刑。在这起案件中，林森浩与黄洋均为复旦大学上海医学院2010级硕士研究生，两人同住一个寝室。追究投毒的原因，仅是林浩森与舍友黄洋因生活琐事发生矛盾。两位风华正茂的学子，本是前途无量，却一个离我们而去，一个被判死刑！这样的悲剧不免让人唏嘘。

中国政法大学副教授朱巍认为，“复旦投毒案”是两个生命对社会的悲剧警示，“学会宽容，学会分享，在相处中学会妥协，现在不少年轻人缺少这一课”。西南政法大学教授高一飞持类似观点，他认为：“对他人的错误要学会宽容，对他人的成绩要学会欣赏，这是我们教育急需加强的地方。”

小组讨论

1. 你认为这起悲剧发生的主要原因是什么？

2. 生活中，还有类似这样因琐事而酿成血案的事例吗？

3. 从这个事件吸取教训，你认为应该如何避免类似悲剧的发生？

“世界咖啡”成果分享

我的想法：

1. ______________________________

____

2. ______________________________

____

3. ______________________________

____

（续表）

小组讨论的成果：

1. ____

____

2. ____

____

3. ____

____

幸福探秘

心理测试

你想知道自己的气量大小、自己对人的宽容度如何吗？回答下列10个问题，对照一下评分标准，就能略知一二了。

1. 你是否乐于看到与你关系不好的同学取得好成绩？
2. 你听到同学讲你的坏话时，是否能做到一笑置之？
3. 你是否容易原谅别人不自觉的过失？
4. 你是否常常认为班主任对你的批评是出于帮助你进步的目的？
5. 你是否认为同学互让互谅是理所当然的？
6. 你是否喜欢嘲笑或贬低你认为与自己不同的人？
7. 你和同学争吵后，是否常常越想越气？
8. 同学出口伤了你，你是否也会“回敬”对方？
9. 同学是否说过你过于敏感、小心眼？
10. 你认为老实人在生活中经常会吃亏吗？

评分标准：

1～5题，答“是”得2分；“是与不是之间”得1分；“不是”得0分。

6～10题，答“是”得0分；“是与不是之间”得1分；“不是”得2分。

若你的总分是：

17分以上：表示你气量很大；

14～16分：表示你气量大；

11～13分：表示你气量一般；

10分以下：表示你气量小。

幸福秘籍

宽容与刻薄

汪国真

宽容与刻薄相比，我选择宽容。

因为宽容失去的只是过去，刻薄失去的却是将来。

一个不懂宽容的人，将失去别人的尊重，

一个一味地宽容的人，将失去自己的尊严。

对待别人的宽容，我们应该知道自惭；

我们宽容地对待别人，应该知道自律。

宽容者让别人愉悦，自己也快乐；

刻薄者让别人痛苦，自己也难受。

如果别人已不宽容，就不要去使劲儿乞求宽容，

乞求得来的宽容，从来不是真正的宽容。

如果你还想宽容别人，就不要等到别人来乞求。

记住一句老话：给永远比要令人愉快。

仔细品味这首短诗，谈谈你对这首诗歌的理解。

……………………………………………………………………

……………………………………………………………………

……………………………………………………………………

幸福对话

幸福导师寄语

一个人之所以幸福，不是他得到的多，而是计较得少。海纳百川，靠的是宽容的心胸，因为宽容，所以幸福。“吃亏是福”不但是一种做人的策略，更是一种生活的智慧。

宽容是春日灿烂的鲜花，夏日凉爽的清风，秋日金黄的麦田，冬日明媚的阳光。宽容是美的享受，是心情的释放，是快乐，是永恒！

学会宽容吧，你一定会受益匪浅；学会宽容吧，你的心情一定会随之愉悦；学会宽容吧，世界将因你而变得更美丽，更精彩！

我的幸福感悟

国际宽容日

11月16日是国际宽容日（International Day of Tolerance），设立“国际宽容日”的目的是增加“可视性”：至少每年一次让世界各国、国际机构、非政府组织和个人的目光聚焦于“宽容”主题，并为此贡献力量。由于全球化、大量移民等因素的影响，对不同的文化缺乏宽容、不能容纳与自己不同的行为方式和不能与各种文化进行有益的交流使世界面临诸多的问题。如何制止仇恨，使不同民族、宗教和文化间加强理解、和谐共处，成为全球性的重要议题。联合国教科文组织设立国际宽容日的目的在于强调在多元化社会里，应通过普及宽容方面的教育，使人们和谐、和平地生活在一起。

幸福拓展

一些宽容的人物和故事流传至今，并成为美谈。请你搜集关于宽容的故事和人物，并谈谈你的收获。

人物	故事简介	你的收获

第二节　学会沟通添幸福

幸福起航

两个人沟通时，其实是六个人在沟通：

你以为的你，你以为的他，真实的你；

他以为的他，他以为的你，真实的他。

可见，这里边会有多少误会，会有多少误解？你总在和“你以为的他”交流，你知道“真实的他”的想法吗？

你是否又觉察到“真实的你”？你自己内心的真实需要是什么？对方的需要又是什么呢？你曾经多少次误解了你的家人和朋友？

幸福咖啡

故事探究

眼见真的为实

《吕氏春秋》中记录了这样一个故事：孔子周游列国，曾因兵荒马乱、旅途困顿，三餐以野菜果腹，大家已七日没吃过一粒米饭。一天，颜回好不容易要到了一些白米煮饭，饭快煮熟时，孔子看到颜回抓起白饭往嘴里塞，当时装作没看见，也没去责问。饭煮好后，颜回请孔子进食，孔子假装若有所思地说："我刚才梦到祖先来找我，我想先把第一口米饭拿来祭祖先！"颜回顿时慌张起来说："不可以的，这锅饭我已先吃了一口，不可以祭祖先了。"孔子问："为什么？"颜回涨红了脸说："刚才在煮饭时，不小心掉了些灰在锅里，染灰的白饭丢了太可惜，只好抓起来先吃了，我不是故意偷吃饭的。"

孔子听了，恍然大悟，对自己的观察错误，反而感到愧疚。

小组讨论

1. 孔子最初看见的事实是怎样的？他眼中的颜回又是怎样的？

2. 眼见真的为实吗？孔子最终如何获知真相？

3. 请谈谈沟通在其中发挥了怎样的作用？

4. 点评一下孔子与颜回的做法，如果你是他们中的一人，你还可以做得更好吗？

“世界咖啡”成果分享

我的想法：

1. ______________________________

____

2. ______________________________

____

3. ______________________________

____

4. ______________________________

____

小组讨论的成果：

1. ______________________________

____

2. ______________________________

____

3. ______________________________

____

4. ______________________________

____

情境探究

他们为什么都走了

一天，小主人仔仔请客吃饭，眼看约定的时间已过，只来了几个人，他不禁焦急地说：“该来的没有来。”已到的几位客人一听，两位扭头就走了。仔仔意识到他们误解了他的话，又难过地说：“不该走的走了。”剩下的客人中有一个听了想，那我就是那个该走的人吧，扭头也走了。仔仔又马上意识到他误解了自己的话，急忙对走的那位客人说：“我不是在说你呀。”结果剩下的客人也气呼呼地走了。

小组讨论

1. 请小组进行角色扮演，作为客人的成员说一说，自己为什么离开以及当时自己的感受。

2. 请给小主人仔仔提出建议，在沟通中，我们需要注意什么？怎样让沟通带来更多幸福？

“世界咖啡”成果分享

我的想法：

1. ______________________________

____

2. ______________________________

____

小组讨论的成果：

1. ______________________________

____

2. ______________________________

____

幸福探秘

心理游戏

撕纸游戏

一、游戏准备

成员：全体学生

目标：掌握沟通技术

时间：5～10分钟

材料：A4纸（保证每人至少两张）

场地：教室

二、操作程序

1．请老师给所有的学生发一张纸，按照老师的指令去做，任何学生都不能发声（可以要求学生闭上眼睛）。

2．老师引导学生将纸对折一下，然后再对折一下，在右上角撕去一个角，然后转动180度，再将手中所拿纸的左上角撕去，然后把纸打开。老师会发现各种不同的答案，有很多学生的图形和老师所折的图形是不相同的。

3．再发给所有学生一张纸，重复做上面的动作，只不过这次允许学生在做的过程中可以向老师发问，并提出自己的一些疑问及不清楚的地方：譬如问清楚对折是横折还是竖折，折过后的开口朝哪个方向等。

在此基础上做完全过程，然后要求学生将纸打开。将老师手中的纸所打开的图形与学生手中的图形作对照，会发现图形不一致的现象还存在，只不过较上次少了许多。

三、探究讨论

1. 完成第1、2步之后，同学们请思考，为什么会有这么多不同的结果？

2．完成第3步之后，为什么还会有误差？

你想生活在哪种情境下

沟通连结着你和我，而生活中的沟通不免伴随着我们这样那样的情绪。面对有情绪的沟通，你能否做出明智的选择呢？如何让沟通增添幸福？

下面，请进入角色扮演小剧场！

场景一

◆ 母亲炒菜，孩子（中学生）回到家

◆ 女：（将书包重重摔在桌上。）

◆ 母：（不满）咋啦？谁又惹你啦？

◆ （母女对视）

◆ 母：说话呀！你摔摔打打的，给谁看呐？谁又对不起你了？

◆ 女：烦死了！

◆ 母：你还烦？我一天辛辛苦苦伺候你，你还想发脾气呐！我上辈子欠你的？

◆ 女：（抓起书包摔门而出。）

◆ 母：哎！先别走，饭还没吃呢！

场景二

◆ 母亲炒菜，孩子（中学生）回到家

◆ 女：（将书包重重摔在桌上。）

◆ 母：（亲切）怎么啦？谁惹我的乖女儿不高兴啦？

◆ （母女对视）

◆ 母：你脸色不好，是不是不舒服？

◆ 女：烦死了！

◆ 母：（亲切）能给妈说说吗？

◆ （母女对视）

◆ 母：（诚恳）妈也许帮不了你什么，但我很想分担你的烦恼。

◆ 女：（片刻）其实也没什么。不知道咋了，今天就是特烦。

◆ 母：每个人都会有烦的时候，我们边吃边聊，行吗？

◆ 女：好吧。（母女坐下）

如果你是场景中的母亲，你会做出怎样的反应呢？做一回小小编剧吧！请编写属于你的场景三，写在下面的卡片上。还可以寻找你的小演员，展示给大家哦！

场景三：

◆ 母亲炒菜，孩子（中学生）回到家

◆ 女：（将书包重重摔在桌上。）

◆ ________________________________

◆ ________________________________

……

幸福对话

幸福导师寄语

◇勇于沟通，破除误解

每个人都是复杂的个体，对自己，对他人，总有不同的见解和认识。虽说“眼见为实”，但很多时候，因为我们的某些固有印象，往往会不自觉为他人打上某种“标签”。所以，最难的莫过于勇敢地踏出第一步，主动沟通，给彼此一个解释交流的机会。千万不要因为“看错了”，徒增误解。

◇学会沟通，掌握技巧

在日常的沟通行为中，常常因为一些“意外”而使沟通无法实现，有时甚至会出现相反的效果。因此，勇于沟通之余，需要掌握一些基本的沟通小技巧，避免意外的发生。比如：与人沟通时，要注意倾听，倾听的时候，要面带微笑，最好别做其他的事情，并给予表情、手势、点头等方面的适当反馈；在表达自己思想时，要讲究含蓄、幽默、简洁、生动；给他人提意见、指出错误时，要注意场合，措辞要平和，以免伤及他人自尊心；与他人谈话时要有自我感情的投入，这样才会以情动人。

◇双向沟通，和谐互动

沟通是一个人与人之间、人与群体之间思想与感情的传递和反馈的过程。无论是信息的发布者还是信息的接受者都要把握好关键的信息。在沟通的过程中，双向沟通较之于单向沟通会更有利于信息的准确传递，和谐的互动也会使人与人之间的信任度和幸福感大为提升。但是任何沟通的形式及方法都不是绝对的，正所谓“沟通无极限”。

◇智慧沟通，增添幸福

面对带有负面情绪的沟通对象，学会智慧沟通，可以有效增添幸福感。沟通需要相互尊重，用心倾听彼此的观点，站在对方的角度想问题，也许冲突便会少一些。沟通中当对方有怨气和不满需要发泄时，倾听、关心和理解有利于抚平对方的消极情绪，引发共感，使对方更愿意平和地与你沟通。

◇乐于沟通，传递幸福

要胸襟豁达，乐于接纳他人及自己。当别人取得成绩时，要不失时机地给予赞扬和祝贺。这种赞美的话语会给被赞扬者带来快乐，引起积极的情绪反应。情绪具有传染性，也会传染给周围的人，给周围所有人带来快乐。快乐会消融人际关系的僵局，使人际关系变得融洽。

我的幸福感悟

幸福拓展

用心沟通，传递幸福

海伦·布朗已经八十多岁了，但她依然很有活力，心态完全像个年轻人，她喜欢每天起床就把自己打扮得漂漂亮亮的，然后出门。

路上，她看到帅气的小伙，她一定会上前告诉他："也许我们从来没见过，也许我们以后也不会再见，但是我一定要告诉你，你今天帅呆了！"

正因为她不吝啬于赞美，她给予别人快乐，被赞美的人这一天都会过得非常愉悦。

也许，就是她的这一句话，这个男孩会开心一天，快乐的心情也会让这个男孩对自己身边的人同样的友好，将快乐传递出去。其实，这就是幸福的给予和传递。

请确定一位你的沟通对象，用心沟通，将你的幸福和快乐传递给他！

第三节 知道感恩长幸福

幸福起航

据说有一次罗斯福家里被盗，被偷去了许多东西。一位朋友闻讯后，忙写信安慰他。罗斯福在回信中写道："亲爱的朋友，谢谢你来信安慰我，我现在很好，感谢上帝。因为，第一，贼偷去的是我的东西，而没有伤害我的生命；第二，贼只偷去我部分东西，而不是全部；第三，最值得庆幸的是，做贼的是他，而不是我。"对任何一个人来说，失窃绝对是不幸的事，而罗斯福却找出了感恩的三条理由。

感恩从不缺乏理由，最重要的是我们是否有一颗懂得感恩的心。何不换一种角度去看待人生的失意，对生活怀抱感恩的心呢？

幸福咖啡

故事探究

为 何 感 恩

法国一个偏僻的小镇上，据传有一个特别灵验的水泉，常会出现神迹，可以医治各种疾病。有一天，一个拄着拐杖、少了一条腿的退伍军人，一瘸一拐地走过镇上的马路，旁边的镇民带着同情的口吻说：“可怜的家伙，难道他要向上帝祈求，让神泉再给他一条腿吗？”这一句话被退伍的军人听到了，他转过身对他们说：“我不是要向上帝祈求有一条新的腿，而是要祈求他帮助我，叫我没有一条腿后，也知道如何过日子。”

小组讨论

1. 如果你是这名退伍军人，你会选择祈求什么？
2. 学会为所失去的而感恩很难，你有什么好的建议？

“世界咖啡”成果分享

我的想法：

1. ____
____

2. ____
____

小组讨论的成果：

1. ____
____

（续表）

2. ____

____

沙与石的铭记

有两个人在沙漠中行走，他们是很要好的朋友，在途中不知道什么原因，他们吵了一架，其中一个人打了另一个人一巴掌。被打的那个人很伤心，于是他就在沙子上写道：“今天我朋友打了我一巴掌。”写完后，他们继续行走，来到一块沼泽地里。被打的那个人不小心掉到沼泽里面，他的朋友不惜一切，拼了命地去救他，最后他得救了。他很高兴，于是拿了一块石头，在上面写道：“今天我朋友救了我一命。”

朋友一头雾水，奇怪地问：“为什么我打了你一巴掌，你把它写在沙子上；而我救了你一命，你却把它刻在石头上呢？”他笑了笑，回答道：“当别人对我有误会，或者做了什么对我不好的事的时候，就应该把它记在最容易遗忘、最容易消失不见的地方，由风负责把它抹掉；而当朋友有恩于我，或者对我很好的话，就应该把它记在最不容易消失的地方，尽管风吹雨打也不能抹去……”

小组讨论

1. 为什么选择沙与石两种不同的铭记方式？
2. 你会选择铭记恩典还是愤怒？请结合自己的经历谈谈。

“世界咖啡”成果分享

我的想法：

1. ____

____

2. ____

____

小组讨论的成果：

1. ____

____

2. ____

____

心理游戏

感恩游戏

一、游戏准备

成员：全体学生

时间：5～10分钟

材料：眼罩若干

场地：教室（布置障碍）

二、操作程序

1．请老师随机分组，每两位同学为一个小组。其中，一位同学蒙上眼睛扮演“盲人”，另一位同学则扮演“哑巴”。

2．“哑巴”保护“盲人”走过老师所设置的“不平坦的路”“坎坷的路”等各种障碍。

3．作为被牵引的一方，应全身心信赖对方；而作为牵引者应对伙伴的安全负起全部责任，保护他安全通过每个障碍。

4．“盲人”不可以偷看，“哑巴”不可以讲话，必须凭借两人的信任和肢体的接触通过每一个障碍。

5．解开眼罩后，两人拥抱，感谢对方。

三、探究讨论

1．通过障碍的过程中，你遇到了哪些困难，如何攻克这些困难？

2．当你面对这些困难，感到彷徨无助时，你是否一直信赖你的伙伴？是否感恩对方的帮助？

3．当你担负起一个人安全的时候，你是否有一种使命感？得到别人的感恩，是否感到幸福？

我生命中最重要的四个人

一、前期准备

成员：全体学生

时间：5～10分钟

材料：小纸条（每人四张）

场地：教室（小组环形座位）

二、操作程序

1．请老师随机分小组，同学们围成圈坐好，每个人用笔在四张小纸条上分别写下自己生命中最重要的四个人的名字。

2．将四张纸条折起，交到左手边的同学手上，每个同学拿到其他同学写的纸条后，随机抽取1张并撕掉（隐喻：这个人突然逝去），然后将剩下的三张小纸条交还给原来的同学。

3．拿到自己写的剩余三张纸条后，查看被撕掉的是谁，并在小组中分享：

（1）这位离开的人是谁？

（2）你们共同经历了什么，为什么他是你最重要的人？

（3）当你听说他突然离世的信息时的感受是什么？

三、如何感恩我知道

小组内头脑风暴，想一想，你还会选择哪些方式表达你的感恩之情？请将小组讨论成果写在纸上，在全班分享。

幸福对话

幸福导师寄语

◇让感恩成为一种习惯

在我们身边，天天都有关于感恩的故事发生。如果你能专心去体会身边发生的事，那么可能你时时都会有终生难忘的温馨。对每一天怀着感恩之心。你并不需要感谢特定的某人，你可以感谢生活，感谢今天又是新的一天。一位怀有感恩之心的朋友常常跟我说，当你每天醒来时，应该这样想：“我真是个幸运的家伙！今天又能安然地起床，而且还有崭新的完美一天。我应该好好珍惜，去充实自己的内心，将自己对生活的热情传予他人。我要常怀善心，要积极地帮助别人，而不要对别人恶言相向。”

◇让感恩打开幸福之门

懂得感恩的人，遇到祸也可能变成福；只知抱怨的人，碰上福也可能变成祸。幸福的秘诀，就是不抱怨过去，不对未来迷茫，只感恩现在。感恩，让我们在失败时看到差距，在不幸时看到机遇，激发我们挑战困难的勇气，进而获取前进的动力。换一种角度去看待人生的失意与不幸，对生活时时怀着一份感恩的心情，能使自己长久保持健康的心态，完善自我的人格，获得进取的信念。感恩不纯粹是心理安慰，也不是对现实的逃避，更不是阿Q式的精神胜利法。感恩，是一种歌唱生活的方式，它源于对生活的爱与希望。在水中放进一块小小的明矾就能沉淀所有的杂质；如果在我们的心中培植一种感恩的思想，则可以沉淀许多浮躁、不安，消融许多的不满与不幸。

◇让感恩在小小的土壤中萌芽

要感恩的人和事太多太多，但让感恩萌芽的土壤却不用很大，你的心意最重要。一张表达谢意的小纸条，一个小小的拥抱，一份小小的惊喜就能给感恩的种子带来满满的养料。还有，用善意对待他人，不求回报。不要为了私利去做好事，也不要因为善小而不为。用行动回报他人，常怀感恩。留心一下他人，看看他喜欢什么，或者需要什么，然后帮他们做点什么（倒杯咖啡，递下茶水，等等）。行动强于话语，说声“谢谢”不如做一件小小善事来回报他。

我的幸福感悟

幸福拓展

我想对你说

在心理游戏中，如果你有机会再次见到这个最重要的人，你想对他说什么？请写在自制的小卡片上送给他，传递感恩，收获幸福吧！

编后语

本书历经创意形成、校本课程实践到出版，足有三年矣。所谓创意实际起源于我个人的一段“学生进考场，我进手术室”的痛苦经历。在这段经历后，我反思自己的工作、生活方式，意识到生活中不仅只有工作，还需要娱乐，要在“平衡中寻找幸福”。而且，我认为这种平衡的智慧，不应该像我这样经历手术的伤痛、康复后才学习到，应该让孩子从小就习得并在生活中实践。现行国家课程中没有这一类课程，我们就以校本课程去补充。

“幸福咖啡屋”原名为“平衡幸福课咖啡屋”，是2015学年广东实验中学政治科组七年级、八年级教师胡金兰、卢妙开设的实验性课程。“平衡”两字是广东实验中学语文特级教师罗艺老师提出的。以“世界咖啡”这种深度讨论的形式作为主要的上课形式，每节课围绕一个与学生幸福感有关的且他们感兴趣的话题，如学习成绩与幸福感的关系等，展开讨论。本课程引导学生发现自己思维和思想中的冲突、矛盾和不平衡，学会倾听同伴、老师与自己不同的观点，尽可能找到切合自己实际的解决办法。教师担任导师的角色，不时引领话题方向。2016年6月，经全国知名政治科特级教师胡兴松教师提示，更名为“幸福咖啡屋”，因为不仅平衡能增强幸福感，还有很多方式、方法能增强幸福感，而且作为课程题目，“幸福咖啡屋”更简洁、动听。2016学年，万蕊和胡金兰老师同时在广东实验中学七年级、八年级开设“幸福咖啡屋”的校本课程。

在原有的校本课程“幸福咖啡屋”基础上，我们编写了校本教材《幸福咖啡屋》。

本书得以出版要感谢广东实验中学领导的大力支持，尤其是我们省实课程和教师发展中心的曹雁、周静两位主任。此外，特别感谢我们政治科的陈浩杰、卢妙、吴锦涛、毛雪华、陈晓葵和万蕊老师，还有广东实验中学顺德学校吕素云老师。他们牺牲暑假时间，和我一起伏案工作，在2016年的暑假赶写这本书。本书从章节体例的建构，各章节的编写，到各章节的连缀、校对、美化都是集体智慧的结晶。各章节的编写者如下：第一章第一、第二、第三节，吴锦涛；第二章第一、第二节，陈晓葵；第二章第三节，陈浩杰、胡金兰、卢妙；第三章第一节，陈浩杰；第三章第二、第三节，卢妙和毛雪华；第四章第一节，毛雪华；第四章第二、第三节，万蕊。吕素云老师对本书的版式设计和结构安排有突出贡献。邝丽湛、罗易、楚云、伊贤锐、苏岚颖、段克敏、徐日纯等老师都从不同的角度给予我们宝贵的建议与意见。

还要特别感谢广东教育出版社的蔡奇哲编辑，在本书的编校过程中，他给予了非常专业、细致的修改意见。

从开设“平衡幸福课咖啡屋”校本课程开始，我就知道应该在本课程中加入心理学的知识。后来知道对本课程而言，积极心理学的知识与课程联系最紧密。只是限于个人和本校心理学老师精力方面的原因，本教材较少涉及心理学专业知识的内容。我们“一起happier”编写组的老师期待本教材能在不久的将来，借开展课题之机，添加积极心理学的内容，并出版《幸福咖啡屋》的修订版。

让我们“一起happier”！

胡金兰

2017年4月